Patricia Weller

Jetzt sei mal nicht so positiv!

Ein Plädoyer für die Echtheit der Emotionen

Jetzt sei mal nicht so positiv!

Patricia Weller

Bibliografische Information der Deutschen Nationalbibliothek: Die Deutsche Nationalbibliothek verzeichnet diese Publikation in der Deutschen Nationalbibliografie; detaillierte bibliografische Daten sind im Internet über http://dnb.dnb.de abrufbar.

Die automatisierte Analyse des Werkes, um daraus Informationen insbesondere über Muster, Trends und Korrelationen gemäß §44b UrhG („Text und Data Mining") zu gewinnen, ist untersagt.

© 2024 Patricia Weller

Verlag: BoD · Books on Demand GmbH, In de Tarpen 42, 22848 Norderstedt

Druck: Libri Plureos GmbH, Friedensallee 273, 22763 Hamburg

ISBN: 978-3-7597-9517-5

Vorwort

Als ich dieses Buch begann, hatte ich eine klare Vorstellung davon, was ich vermitteln wollte: Wie schädlich es sein kann, sich ständig ein Lächeln aufzusetzen und die dunklen Seiten des Lebens zu ignorieren. Doch während ich schrieb, wurde mir klar, dass es nicht nur darum geht, toxische Positivität zu entlarven, sondern auch darum, den Mut zu finden, ehrlich zu sich selbst zu sein – mit all unseren Emotionen!

Ich habe auf meiner eigenen Reise, sowohl als Therapeutin als auch als Mensch, immer wieder erlebt wie oft wir glauben, dass wir strahlen müssen, um gut genug zu sein. Aber die Wahrheit ist: Echtheit ist der Schlüssel. Die Freiheit, uns mit all unseren Gefühlen zu zeigen – sei es Freude, Wut, Angst oder Traurigkeit – das ist es, was uns wirklich lebendig macht. Dieses Buch ist das Ergebnis vieler Gespräche, Reflexionen und Begegnungen mit Menschen, die sich selbst auf die Suche nach mehr Echtheit gemacht haben.

Vor allem aber ist es eine Hommage an meine Coachees, Kunden, Patienten und alle, die den Mut aufbringen, hinter den Vorhang zu schauen und echte Veränderung zuzulassen. Ich habe so viel von euch gelernt und ohne euch wäre dieses Buch nicht möglich gewesen. Ihr seid der lebende Beweis, dass wir alle die Kraft haben, unser Leben neu zu definieren – nicht durch ständige Positivität, sondern durch authentisches Sein.

Danke, dass ihr mir vertraut!

Herzlichst,
Patricia

Inhaltsverzeichnis

Kapitel 1

„Lächel doch mal!" – Der dümmste Ratschlag der Welt.

Der ewige Optimismus-Fetisch: Wenn Lächeln zur Pflicht wird

Es gibt Situationen im Leben, in denen man eigentlich nur eins will: seine Ruhe. Doch immer wieder tauchen diese Menschen auf, die denken, dass ein einfaches „Lächel doch mal!" die Antwort auf alle Probleme sei. Anna war lange Zeit eines ihrer Lieblingsopfer, denn anscheinend gibt es Menschen, die glauben, ein erzwungenes Lächeln sei der Schlüssel zu einem sorgenfreien Leben – so als würde die Welt schlagartig bunter und schöner werden, wenn du deine Mundwinkel nach oben ziehst.

Anna und Klaus:

Das epische Drama der unaufhaltsamen Positivität

Eine humorvolle Story über die absurdesten Momente im Leben

Das Lächeln, das alles lösen soll.

Es war ein typischer Montagmorgen, und Anna saß wie so oft vor ihrem Laptop, der beschlossen hatte, sich in eine ziegelsteinähnliche Existenz zu verwandeln. Klaus stürmte herein, natürlich perfekt getimt, mit seiner unerschütterlichen Überzeugung, dass ein Lächeln alle Probleme dieser Welt lösen könnte. „Lächel doch mal, Anna! Es wird alles gut!" rief er fröhlich, als hätte er gerade den Schlüssel zum ewigen Glück gefunden. Anna sah ihn an, während ihr Laptop einen weiteren Versuch machte, sich neu zu starten – diesmal mit einem angsteinflößenden Geräusch, das dem eines startenden Staubsaugers ähnelte. „Klaus", sagte sie mit stoischer Ruhe, „wenn mein Lächeln diesen Laptop dazu bringt, zu funktionieren, dann werde ich für den Rest meines Lebens nicht mehr aufhören zu grinsen."

„Genau das ist die Einstellung!", rief Klaus und warf ihr ein Daumen-Hoch-Zeichen zu während er weiterging, um den Rest des Büros mit seiner sonnenähnlichen Ausstrahlung zu erleuchten.

Anna beobachtete wie er davonging und stellte sich vor, wie ihr Lächeln die komplette IT-Infrastruktur des Unternehmens reparierte. Vielleicht sollte sie doch ernsthaft darüber nachdenken, in die IT-Zauberei zu wechseln.

Die versteckte Wissenschaft hinter dem erzwungenen Lächeln.

Das Interessante an der Sache ist, dass es tatsächlich wissenschaftliche Belege dafür gibt, dass erzwungenes Lächeln nicht nur nervt, sondern auch kontraproduktiv sein kann. Eine Studie der University of Kansas aus dem Jahr 2012 zeigte, dass Menschen, die sich in stressigen Situationen zum Lächeln zwingen, nicht etwa entspannter werden, sondern im Gegenteil: ihre Stresslevel steigen an. Kurz gesagt, erzwungenes Lächeln fühlt sich nicht nur falsch an, es bringt auch nichts – außer vielleicht einen extra Knoten im Nacken.

In der Studie wurde eine Gruppe von Probanden gebeten, während einer stressigen Aufgabe bewusst zu lächeln. Die Ergebnisse zeigten, dass diese Personen einen höheren Blutdruck und eine höhere Herzfrequenz aufwiesen als diejenigen, die ihren natürlichen Gesichtsausdruck beibehielten. Das bedeutet, dass erzwungene Positivität körperlich messbaren Stress verursachen kann.

Für Anna fühlt sich das erzwungene Lächeln also nicht nur falsch an, sondern es macht die Sache auch noch schlimmer – als würde sie versuchen, ein Feuer mit Benzin zu löschen.

Die Neurowissenschaft hinter erzwungenem Lächeln

In der vorhergegangenen Situation zwischen Anna und Klaus sehen wir ein Beispiel dafür, wie erzwungenes Lächeln als Reaktion auf sozialen Druck eingesetzt wird. Doch was passiert eigentlich im Gehirn, wenn wir uns zum Lächeln zwingen, obwohl wir uns nicht danach fühlen?

Neurowissenschaftlich betrachtet gibt es in unserem Gehirn ein Netzwerk, das für die Steuerung von Emotionen verantwortlich ist. Das limbische System, insbesondere die Amygdala, verarbeitet emotionale Reize und aktiviert das autonome Nervensystem, wenn wir uns gestresst fühlen. Wenn wir uns zwingen zu lächeln, widersprechen wir diesem natürlichen Stresssignal. Diese emotionale Dissonanz führt zu einer verstärkten Aktivierung des sympathischen Nervensystems, was zu einem erhöhten Stresslevel führt – genau das, was in der Studie der University of Kansas beschrieben wurde. Wenn Anna gezwungen wird, zu lächeln, obwohl sie sich gestresst fühlt, reagiert ihr Gehirn, indem es die Stresshormone Cortisol und Adrenalin ausschüttet. Statt der gewünschten Entspannung fühlt sie sich also tatsächlich gestresster und ihre natürliche Reaktion wird unterdrückt.

Wie du toxischer Positivität ironisch den Wind aus den Segeln nimmst

Anna merkt, dass es gar nicht so schwer ist, toxischer Positivität den Garaus zu machen, wenn man sie mit einer Prise Ironie würzt. Früher hätte sie einfach genickt und sich den Rest des Tages über den sinnlosen Ratschlag geärgert. Heute hat sie eine andere Taktik: Sie dreht den Spieß um und genießt die Macht, mit einem kleinen Hauch von Sarkasmus die Oberhand zu gewinnen. Als Klaus sie am nächsten Tag wieder einmal mit einem fröhlichen „Alles wird gut, du musst nur positiv denken!" begrüßt, nickt Anna ernst und sagt: „Absolut. Das habe ich gestern auch meinem kaputten Auto gesagt. Hat es sofort repariert."

Fallbeispiel aus der Psychotherapie

In der Psychotherapie begegnen wir oft Menschen, die durch toxische Positivität dazu erzogen wurden, ihre negativen Emotionen zu unterdrücken. Ein typisches Beispiel ist Lisa, eine 35-jährige Klientin, die zu mir in die Praxis kam, weil sie sich emotional ausgelaugt fühlte. Lisa war seit Jahren in ihrem Job unglücklich, doch sie hatte gelernt, immer positiv zu bleiben und sich nie über ihre Situation zu beschweren. Sie wurde von Freunden und Familie als „die Starke" bezeichnet, aber innerlich fühlte sie sich einsam und ausgebrannt.

Im Laufe der Therapie erkannte Lisa, dass sie ihre eigenen negativen Emotionen nie wirklich zugelassen hatte. Sie war der Überzeugung, dass das Verdrängen ihrer Gefühle sie stärker mache. Doch das Gegenteil war der Fall. Durch gezielte Übungen zur emotionalen Authentizität lernte Lisa, dass es in Ordnung ist, auch mal Schwäche zu zeigen und ihre wahren Gefühle zuzulassen. Nach und nach konnte sie sich von der toxischen Positivität lösen und fand Wege, ihre emotionalen Bedürfnisse auszudrücken, ohne sich schuldig zu fühlen.

Psychologische Betrachtung – Die Macht der emotionalen Authentizität

Was Anna und Lisa gemeinsam haben, ist die Erfahrung, dass erzwungene Positivität ihnen langfristig mehr schadet als nützt. Emotionale Authentizität ist der Schlüssel zu emotionalem Wohlbefinden. Wenn wir lernen, unsere echten Gefühle zu erkennen und auszudrücken, reduzieren wir den inneren Stress und verbessern unsere psychische Gesundheit.

In der Psychologie wird der Begriff der emotionalen Dissonanz verwendet, um die Diskrepanz zwischen gefühlten und gezeigten Emotionen zu beschreiben. Diese Dissonanz führt langfristig zu einem erhöhten Stresslevel, Burnout und sogar körperlichen Beschwerden. Der Weg zur emotionalen Gesundheit führt daher über das Zulassen und Annehmen der eigenen Emotionen.

Lächeln ist keine Allzweckwaffe gegen das Leben

Am Ende lernt Anna, dass sie nicht gezwungen ist, auf die Positivitätsdruckwelle von Menschen wie Klaus aufzuspringen. Ein bisschen Ironie und das Wissen, dass Lächeln allein keine Wunder vollbringt, machen es viel einfacher, sich gegen den Optimismus-Zwang zu wehren. Manchmal reicht ein kleiner, subtiler Kommentar, um den anderen freundlich, aber bestimmt darauf hinzuweisen, dass nicht jeder Tag voller Regenbögen und Einhörner sein muss.

Fazit: Setze dir klare emotionale Grenzen.

Wenn jemand versucht, dir Positivität aufzudrängen, die du nicht möchtest, ist es in Ordnung, mit einem klaren „Nein, danke" zu reagieren – gerne auch mit einem Hauch Ironie, um die Situation zu entschärfen.

Praktischer Tipp: Authentisch bleiben

Was können wir also aus dieser Erkenntnis mitnehmen? Es ist okay, nicht immer gut drauf zu sein. Wenn dir nach einem neutralen oder sogar traurigen Gesichtsausdruck ist, dann ist das völlig in Ordnung. Statt sich ständig zu zwingen, gut gelaunt zu wirken, hilft es oft mehr, die eigenen Emotionen zu akzeptieren.

Ein hilfreicher Tipp, den Psychologen empfehlen, ist das Konzept der „emotionalen Authentizität". Es geht darum, deine echten Gefühle anzuerkennen, ohne dich zu zwingen, sie zu verändern. Wenn du dich schlecht fühlst, erlaube dir, dieses Gefühl zu durchleben, anstatt es mit einem künstlichen Lächeln zu überdecken. Das reduziert nicht nur Stress, sondern stärkt auch deine Fähigkeit, mit echten Emotionen umzugehen.

Toxische Positivität hat ihre Wurzeln in dem tief verankerten Wunsch, unangenehme Emotionen zu vermeiden. Eine Studie von Gross und John (2003) zeigt, dass Menschen, die regelmäßig ihre negativen Emotionen unterdrücken, langfristig eine schlechtere psychische Gesundheit haben. Emotionale Unterdrückung führt nicht nur zu mehr Stress, sondern auch zu einer geringeren Fähigkeit, zwischen positiven und negativen Emotionen zu differenzieren.

Reflexionsfrage:

Wann hast du das letzte Mal ein Lächeln aufgesetzt, obwohl du es nicht gefühlt hast? Welche Auswirkungen hatte das auf dein Wohlbefinden?

Nachdem Anna Klaus' Rat zum erzwungenen Lächeln tapfer überstanden hatte, fragte sie sich: Könnte es schlimmer sein? Natürlich! Es könnte immer schlimmer sein – wie zum Beispiel, wenn Klaus plötzlich ein Buch mit Motivationssprüchen veröffentlicht. Aber Moment mal, das hat er doch bestimmt schon...

Kapitel 2

„Es könnte schlimmer sein" – Warum du diesen Satz nie sagen solltest

„Es könnte schlimmer sein." Ein Satz, der in Annas Ohren etwa so angenehm klingt wie ein Zahnarztbohrer. Dieser allgegenwärtige Ratschlag ist ein Klassiker in der Sammlung toxischer Positivität und wird meist von Menschen vorgebracht, die absolut keine Ahnung haben, was du gerade durchmachst. Und natürlich haben sie immer den gleichen Blick, wenn sie ihn sagen – eine Mischung aus Mitgefühl und leichtem Stolz, dass sie dir gerade das größte Geschenk des Lebens gemacht haben.

Es könnte schlimmer sein – Der Klassiker

Anna hatte gerade eine Tasse Kaffee verschüttet und schaute auf die braune Lache, die sich bedrohlich dem Laptop näherte, als Klaus wieder auftauchte. „Ach komm schon, Anna, es könnte schlimmer sein!" sagte er in einem Tonfall, der irgendwo zwischen aufrichtiger Sorge und einem Kindergeburtstags-Entertainer lag.

Anna schnappte sich eine Serviette und blickte Klaus mit halb geöffneten Augen an. „Schlimmer? Klar, Klaus. Vielleicht hätte ich den Laptop auch gleich in die Mikrowelle stellen sollen. Mal sehen, ob er dann schneller arbeitet."

Klaus blinzelte verwirrt, lächelte aber tapfer weiter. „Genau! Das ist die richtige Einstellung. Positiv denken!"

Anna nickte langsam und wischte weiterhin den Kaffee auf. Vielleicht sollten Sie beim nächsten Mal einfach einen Toaster an ihren Laptop anschließen, um die ultimative digitale Transformation zu erleben. Klaus würde sicher begeistert sein.

Warum „Es könnte schlimmer sein" kein Trost ist

Hier ist das Problem mit „Es könnte schlimmer sein": Natürlich könnte es das. Es könnte immer schlimmer sein. Aber das ändert nichts an der Tatsache, dass es im Moment verdammt nervig ist. Eine Studie der *Yale University* bestätigt, dass das Relativieren von Problemen nicht nur wenig hilfreich ist, sondern oft dazu führt, dass die betroffene Person sich noch frustrierter fühlt. Es ist wie das emotionale Äquivalent zu: „Dein Bein ist gebrochen, aber hey, wenigstens hast du noch das andere."

In der Studie wurde untersucht, wie Menschen auf Ratschläge wie „Es könnte schlimmer sein" reagieren. Das Ergebnis: Die meisten fühlten sich nicht getröstet, sondern eher missverstanden. Statt Trost empfinden sie das Herunterspielen ihrer Probleme als eine Art Verleugnung ihrer Gefühle.

Praktischer Tipp: Statt relativieren, empathisch reagieren

Anna hat gelernt, dass es oft viel besser ist, einfach zuzuhören, anstatt hektisch nach einer schnellen Lösung oder einem aufmunternden Spruch zu suchen. Manchmal braucht es keinen Ratschlag und schon gar kein „Es könnte schlimmer sein", sondern nur ein offenes Ohr und ein wenig echtes Mitgefühl. Ein einfaches „Das klingt echt hart, wie geht's dir damit?" reicht oft völlig aus. Das lässt Raum für echte Gespräche, anstatt dass man mit Floskeln den Frust nur noch weiter anheizt.

Ironie als Waffe gegen Relativierung

„Es könnte schlimmer sein"? Klar, aber das ist eine unnötige Feststellung, findet Anna. Als sie ein paar Tage später wieder mit der üblichen Floskel konfrontiert wird, als sie im Büro auf einen Fehler in ihrem Projekt stößt, sagt sie mit einem leicht süffisanten Grinsen: „Weißt du, was schlimmer sein könnte? Wenn

der Fehler sich in die Matrix hackt und das gesamte Internet lahmlegt."

Klaus, der hinter ihr steht, lacht. „Du hast ja einen schrägen Humor."

„Ja," *denkt Anna, „das ist das Einzige, was mich hier über Wasser hält.*"

Studien unterstützen den Umgang mit echten Gefühlen

Es gibt tatsächlich psychologische Studien, die zeigen, dass das Zulassen und Akzeptieren negativer Emotionen langfristig viel gesünder ist, als sie einfach mit leeren Phrasen zu überdecken. Eine Studie der *University of California, Berkeley* aus dem Jahr 2017 fand heraus, dass Menschen, die ihre negativen Gefühle akzeptieren, tendenziell weniger unter chronischem Stress und Depressionen leiden. Das liegt daran, dass das Verdrängen negativer Emotionen einen inneren Druck erzeugt, der langfristig zu emotionalen und körperlichen Belastungen führen kann.

In der Studie wurde hervorgehoben, dass Menschen, die sich erlauben, ihre wahren Gefühle zu fühlen – auch wenn diese unangenehm sind – resilienter sind und bessere Bewältigungsstrategien entwickeln. Kurz gesagt: Das Durchleben und Verarbeiten negativer Emotionen ist keine Schwäche, sondern eine Stärke.

Fazit: „Es könnte schlimmer sein" – Danke, aber Nein danke

Die nächste Person, die zu Anna sagt, „Es könnte schlimmer sein", wird definitiv eine Ladung Ironie zurückbekommen. Denn am Ende des Tages bringt es nichts, Probleme zu relativieren. Sie müssen nicht „schlimmer" werden, um real zu sein – sie sind schon schlimm genug. Und manchmal ist es eben völlig in Ordnung, das einfach so zu akzeptieren.

Praktischer Tipp: Akzeptiere das Unangenehme

Was bedeutet das praktisch? Wenn du das nächste Mal das Bedürfnis hast, jemandem mit einem „Es könnte schlimmer sein" über ein Problem hinwegzuhelfen, halte inne. Überlege, ob es nicht hilfreicher wäre, die Situation des anderen einfach anzunehmen und ihm zu signalisieren, dass seine Gefühle berechtigt sind. Oft genügt es, zu sagen: „Das klingt wirklich schwer." Keine Lösung, keine Aufmunterung – nur eine ehrliche Reaktion. Das reicht oft, um dem anderen das Gefühl zu geben, dass er in seiner Lage verstanden wird.

Untersuchungen zeigen, dass Menschen, die zu optimistischen Illusionen neigen, in problematische Situationen geraten, weil sie wichtige Warnsignale ignorieren (Taylor & Brown, 1988). Diese „alles-wird-gut"-Denken hindern uns daran, realistische Lösungen zu finden und mit Schwierigkeiten konstruktiv umzugehen.

Reflexionsfrage:

Gibt es Momente, in denen du dich in unrealistischem Optimismus wiedergefunden hast? Was hätte sich geändert, wenn du realistischer an die Situation herangegangen wärst?

Nachdem Anna festgestellt hatte, dass „Es könnte schlimmer sein" vielleicht der unhilfreichste Ratschlag aller Zeiten war, stellte sie sich eine Welt vor, in der alles nur „Good Vibes" waren. Und natürlich war Klaus der König dieser Welt, wo Probleme mit einem Lächeln weggelächelt und Regenbögen für jeden Anlass bereitgestellt wurden. Aber was passiert, wenn man merkt, dass „Good Vibes" allein nicht reichen, um die Realität zu überstrahlen?

Kapitel 3

„Good Vibes Only" – Die dunkle Seite der Instagram-Weisheiten

Die Perfektionsfalle in den sozialen Medien

In einer Welt voller Instagram-Filter und perfekt inszenierter Bilder scheint es manchmal, als gäbe es nur noch „Good Vibes Only". Doch wer tief genug scrollt, merkt schnell: Die Realität sieht anders aus. Hinter den strahlenden Bildern lauert oft ein ganz anderes Gefühl – der Druck, diesen perfekten „Vibes" gerecht zu werden. Und dieser Druck kann, gelinde gesagt, ziemlich belastend sein.

Der Instagram-Terror

Es war eine dieser typischen Kaffeepausen, in der Anna versuchte, ihre wöchentlich aufgelaufenen Instagram-„Good Vibes Only"-Beiträge mental zu verarbeiten. Perfekte Sonnenuntergänge, perfekte Avocado-Toasts, perfekte Menschen. Als ob das Leben nur aus einem permanenten Urlaub in einer Postkartenwelt bestehen würde. Und natürlich durfte Klaus nicht fehlen.

„Weißt du, Anna", begann er, als er gerade den ultimativen Livehack entdeckt hatte, „du solltest deinen Feed mit mehr positiver Vibes füllen. Man beeinflusst doch immer selbst, was man in sein Leben zieht!"

Anna nippte an ihrem Kaffee und lehnte sich zurück. „Ah, also wenn ich genug Bilder von Palmen poste, verwandelt sich mein Büro automatisch in eine Strandhütte, ja? Und mein Chef bringt mir dann Piña Coladas, während ich Excel-Tabellen erstelle?"

Klaus lachte fröhlich. „Ganz genau! Wenn du es dir nur stark genug vorstellst, passiert es!"

Anna schloss die Augen für einen Moment und stellte sich tatsächlich vor, wie ihr Chef in Hawaii-Hemd und Sandalen durch das Büro lief. „Okay, Klaus", sagte sie schließlich. „Ich probiere es aus. Wenn ich morgen nicht im Büro bin, liege ich wohl am Strand."

Studien zeigen: Social Media kann uns unglücklich machen

Eine Studie der *Royal Society for Public Health* in Großbritannien aus dem Jahr 2018 fand heraus, dass die Nutzung von sozialen Medien, insbesondere Plattformen wie Instagram, nachweislich negative Auswirkungen auf das psychische Wohlbefinden junger Menschen hat. Der ständige Vergleich mit scheinbar perfekten Leben führt oft zu einem negativen Selbstbild und einer erhöhten Wahrscheinlichkeit für Depressionen und Angststörungen. Besonders der Druck, immer fröhlich und „positiv" zu wirken, verstärkt das Gefühl, dass man niemals genug ist.

Für Anna ist dieser Druck manchmal wie ein unsichtbarer Rucksack, der immer schwerer wird, je mehr #GoodVibesOnly-Posts sie durchscrollt. Und egal, wie viele Male sie sich sagt, dass all das nur Inszenierungen sind – die Wirkung bleibt nicht aus. Sie fragt sich: *Wann genau haben wir beschlossen, dass echte Emotionen nicht mehr erlaubt sind?*

Warum „Good Vibes Only" toxisch ist

„Good Vibes Only" klingt erst einmal harmlos. Wer möchte schließlich schlechte Vibes haben? Aber das Problem ist: Wenn nur gute Vibes erlaubt sind, wo bleibt der Raum für die schlechten Tage, die jeder Mensch nun mal hat? Anna beginnt, die Ironie hinter dieser toxischen Positivität zu erkennen: Indem wir uns selbst und anderen verbieten, schlechte Laune oder Zweifel zu zeigen, wird der Druck nur noch größer. Denn mal ehrlich – wer kann schon 24/7 in bester Laune sein? Selbst Einhörner haben mal einen schlechten Tag.

Eine Studie, die 2020 im *Journal of Social and Clinical Psychology* veröffentlicht wurde, belegt, dass Menschen, die ihre negativen Emotionen unterdrücken, um in sozialen Situationen positiv zu wirken, langfristig ein höheres Risiko für psychische Probleme haben. Das Ignorieren von negativen Gefühlen führt dazu, dass diese im Unterbewusstsein verstärkt werden und schließlich in Form von Burnout oder emotionalem Zusammenbruch wieder zum Vorschein kommen.

Anna überlegt kurz, ob sie ihren nächsten Instagram-Post mit „#BadVibesAllowed" taggen sollte, nur um zu sehen, was passiert. Wahrscheinlich wäre das der ehrlichste Post, den sie jemals abgesetzt hat.

Die Realität hinter den Social Media-„Vibes"

Natürlich ist Social Media eine Bühne, auf der jeder nur seine besten Seiten zeigen möchte. Das Problem ist, dass wir oft vergessen, dass hinter diesen perfekt inszenierten Momenten oft ein ganz normales, vielleicht sogar chaotisches Leben steckt. Anna erinnert sich an die unzähligen Male, in denen sie die „perfekte" Selfie-Belichtung gesucht hat, nur um fünf Minuten später frustriert aufzugeben, weil das Licht in ihrem Zimmer einfach nicht mitspielen wollte. Aber das sieht niemand auf Instagram.

Eine *Stanford-Studie* aus dem Jahr 2017 fand heraus, dass Menschen, die regelmäßig soziale Medien nutzen, oft das Gefühl haben, dass sie im Vergleich zu anderen „weniger erfolgreich" oder „weniger glücklich" sind. Dieser Vergleich setzt nicht nur unrealistische Maßstäbe, sondern führt auch dazu, dass wir unsere eigenen Erfolge und schönen Momente weniger wertschätzen, weil sie nicht dem inszenierten „Standard" entsprechen.

Warum authentische Vibes die besseren Vibes sind

Statt sich dem Druck zu beugen, immer strahlend und optimistisch zu wirken, hat Anna beschlossen, ihre eigenen „realen Vibes" zu akzeptieren. Manchmal hat sie einfach keine Lust, strahlende Filter zu benutzen, und das ist in Ordnung. Es gibt etwas unglaublich Befreiendes daran, authentisch zu sein – auch in den schlechten Momenten.

Anna entscheidet sich, ihren nächsten Social Media-Post ganz bewusst authentisch zu halten. Kein Filter, kein inszeniertes Lächeln, nur sie selbst, wie sie nach einem langen Tag auf der Couch sitzt und eine Pizza genießt. Und, Überraschung: Die Reaktionen sind ehrlicher und herzlicher als bei all den Hochglanz-Posts zuvor.

Fazit: Wahre Vibes sind ehrlich – und das ist okay

„Good Vibes Only" mag als Instagram-Hashtag gut aussehen, aber es ist weit von der Realität des Lebens entfernt. Jeder hat schlechte Tage, und das ist in Ordnung. Es ist nicht unsere Aufgabe, ständig positiv zu sein oder unsere negativen Emotionen zu ignorieren. Stattdessen sollten wir uns erlauben, alle Emotionen zu fühlen – sowohl die guten als auch die schlechten. Am Ende sind die ehrlichsten Vibes oft die besten.

Praktischer Tipp: Lass Platz für alle Emotionen

Was kannst du aus dem „Good Vibes Only"-Paradox lernen? Es ist vollkommen in Ordnung, nicht immer positiv zu sein. Es gibt Tage, an denen die Welt sich einfach gegen dich verschworen hat, und das darfst du auch zeigen. Versuche, statt „Good Vibes Only" eher ein „All Vibes Welcome" in dein Leben zu lassen. Das nimmt den Druck und erlaubt dir, authentisch zu bleiben.

Studien wie die von Sharot (2011) belegen, dass der Optimismus-Bias oft dazu führt, dass Menschen ihre Risiken unterschätzen. Diese Art von Denkweise kann verhindern, dass Menschen Vorsichtsmaßnahmen ergreifen und sie in schwierigen Situationen feststecken lassen.

Reflexionsfrage:

Wo in deinem Leben hast du vielleicht zu optimistisch gedacht und bist deshalb Risiken eingegangen, die du besser hättest vermeiden können?

Exkurs: Der Optimismus-Bias und seine Risiken

Optimismus ist in vielen Fällen gesund und kann uns helfen, Herausforderungen zu meistern. Doch es gibt auch eine **dunkle Seite des Optimismus**. Der sogenannte **Optimismus-Bias**, wie von **Seligman (1991)** beschrieben, führt dazu, dass wir die Risiken und negativen Konsequenzen in schwierigen Situationen unterschätzen. Diese Fehlwahrnehmung kann dazu führen, dass wir uns falsche Hoffnungen machen und Probleme nicht realistisch angehen.

Menschen wie Klaus, die unerschütterlich an positive Gedanken glauben, ignorieren oft die komplexen Herausforderungen, die vor ihnen liegen. Sie neigen dazu, die Schwere einer Situation zu verharmlosen und glauben, dass alles durch positives Denken besser wird. Doch was in Klaus' Fall passiert, ist ein klassisches Beispiel für **kognitive Dissonanz**: Sein Optimismus steht im Widerspruch zu den tatsächlichen Schwierigkeiten, denen er begegnet. Anstatt diese Diskrepanz anzuerkennen, klammert er sich noch stärker an seine positiven Glaubenssätze, was langfristig zu Enttäuschungen führen kann.

Die Psychologie der „Positivitätsfalle"

Eine Studie von **Peterson und Chang (2003)** zeigte, dass übermäßiger Optimismus, besonders in belastenden Situationen, zu einer Verzerrung der Realität führt. Personen, die dazu neigen, immer das Beste zu erwarten, verhalten sich oft risikoreicher, weil sie davon ausgehen, dass alles gut ausgeht. Sie setzen sich dadurch unnötigen Gefahren aus, die durch eine realistischere Einschätzung vermeidbar wären.

In Annas Fall zeigt sich das in den Erwartungen, die sie an sich selbst stellt. Wenn sie ständig versucht, optimistisch zu bleiben und ihre Probleme zu ignorieren, läuft sie Gefahr, diese Probleme nicht rechtzeitig anzugehen. Ihr Optimismus hindert sie daran, den

Druck, den sie im Arbeitsumfeld spürt, ernst zu nehmen und aktiv Lösungen zu suchen.

Fallbeispiel aus der Psychotherapie – Wenn Optimismus nicht mehr hilft

Eines meiner Fallbeispiele aus der Praxis ist **Sophie**, eine 29-jährige Frau, die in ihrer Karriere feststeckte. Sie hatte sich jahrelang eingeredet, dass alles gut werden würde, wenn sie nur weiter hart arbeitete und positiv blieb. Doch obwohl sie zunehmend unzufrieden wurde, klammerte sie sich an die Vorstellung, dass „alles gut wird". Statt sich ihrer Unzufriedenheit zu stellen und über einen Jobwechsel nachzudenken, blieb sie in einer toxischen Arbeitsumgebung gefangen, weil sie an ihren positiven Glaubenssätzen festhielt.

Im Laufe der Therapie lernte Sophie, dass sie ihren Optimismus mit Realismus ausgleichen musste. Durch das Erkennen ihrer echten Gefühle und das Zulassen von negativen Emotionen konnte sie beginnen, bewusste Entscheidungen zu treffen und aktiv an ihrer Situation zu arbeiten. Das führte letztlich dazu, dass sie den Mut fand, eine Veränderung in ihrem Leben herbeizuführen.

Die Grenzen von positiven Affirmationen

Oft wird Menschen geraten, sich durch **positive Affirmationen** selbst zu motivieren. Doch wie die Studie von **Wood, Perunovic und Lee (2009)** zeigt, können solche Affirmationen bei Menschen mit geringem Selbstwertgefühl mehr Schaden als Nutzen anrichten. Wenn die inneren Überzeugungen im Widerspruch zu den Affirmationen stehen, fühlen sich Menschen oft noch schlechter, weil sie den Druck verspüren, diese positiven Aussagen zu erfüllen.

Für Anna und Sophie bedeutet dies, dass das ständige Wiederholen von „Alles wird gut!" nicht wirklich hilft, weil diese Aussage nicht im Einklang mit der inneren Realität steht. Diese Dissonanz zwischen dem, was sie sagen, und dem, was sie wirklich fühlen, verstärkt ihr Gefühl von Unzulänglichkeit.

Praktischer Tipp: Realistischer Optimismus

Der Schlüssel liegt darin, **realistischen Optimismus** zu entwickeln. Das bedeutet, optimistisch zu sein, aber gleichzeitig die Realität nicht aus den Augen zu verlieren. Anstatt zu sagen „Alles wird gut", könnte Anna lernen zu sagen: „Ich kann nicht alles kontrollieren, aber ich werde mein Bestes tun, um mit der Situation umzugehen."

Durch die Akzeptanz der Realität und das Setzen von realistischen Zielen können wir langfristig gesünder mit Herausforderungen umgehen. Es ist wichtig, dass wir die Dinge positiv sehen, aber gleichzeitig darauf vorbereitet sind, dass nicht immer alles nach Plan läuft.

Nachdem Anna herausgefunden hatte, dass ihre echten „Bad Vibes" im Internet weniger Likes erhielten als sie verdient hatten, begegnete sie dem nächsten Klassiker der toxischen Positivität: „Du kannst alles erreichen, wenn du nur daran glaubst!" Gut, dann glaubte sie jetzt fest daran, dass Klaus eines Tages aufhören wird, ihr diese Sprüche zu servieren. Spoiler: Hat nicht funktioniert.

Kapitel 4

„Du kannst alles erreichen, wenn du nur daran glaubst!" – Der größte Mythos der Selbsthilfeindustrie

Der Mythos des „Positiven Denkens"

„Du kannst alles erreichen, wenn du nur daran glaubst!" – ein Satz, den Anna schon unzählige Male gehört hat. Egal ob in einem TED-Talk, einem Podcast oder auf irgendeinem bunt illustrierten Selbsthilfebuch. Es scheint, als sei dieser Satz der heilige Gral des persönlichen Erfolgs. Das Problem? Wenn es wirklich nur ums „Glauben" ginge, wäre Annas kaputter Drucker vermutlich schon längst von selbst repariert. Doch so funktioniert das Leben nicht, auch wenn sich diese Vorstellung in der Selbsthilfeindustrie hartnäckig hält.

Anna denkt kurz darüber nach, wie viele Menschen sich wohl in ihren Yoga-Kursen oder Coaching-Seminaren gegenseitig versichern, dass „alles möglich ist", wenn man nur fest daran glaubt. Natürlich kommt dieser Ratschlag oft von Menschen, die bereits eine gewisse Privilegienbasis haben und nicht in einer endlosen Spirale von Rechnungen und Alltagsstress gefangen sind. Anna hat sich gefragt, warum niemand über die Rolle von Glück, Zufall oder schlichtweg dem Zugang zu Ressourcen spricht.

Der Drucker und der Smoothie

Klaus hatte seine Philosophie weiterentwickelt. „Weißt du, Anna, das Leben ist wie ein Smoothie. Man muss einfach alles zusammenmischen, und am Ende kommt etwas Gutes dabei raus!"

Anna blickte auf den Drucker, der wie üblich keine Anstalten machte, tatsächlich irgendetwas zu drucken. „Ein Smoothie auch?", fragte sie, die Augenbrauen hochgezogen. „Auch wenn ich diesen kaputten Drucker, meinen defekten Laptop und meinen Kaffeemangel zusammenmixe, bekomme ich... was? Einen emotionalen Kollaps mit Fruchtgeschmack?"

„Haha, ganz genau!" Klaus grinste, als hätte er die Metapher des Jahrhunderts erfunden. „Du hast es verstanden! Es geht darum, aus allem das Beste zu machen."

„Super" murmelte Anna. „Ich kann es kaum erwarten, diesen Smoothie des Scheiterns zu probieren."

Studien zum „Positiven Denken" und seinen Grenzen

Während positives Denken sicher hilfreich sein kann, gibt es wissenschaftliche Studien, die zeigen, dass es nicht die Allzwecklösung für alle Probleme ist. Eine Studie, die 2013 im *Psychological Science* veröffentlicht wurde, fand heraus, dass Menschen, die sich ausschließlich auf positives Denken verlassen, oft enttäuscht sind, wenn ihre Erwartungen nicht erfüllt werden. Sie neigen dazu, sich selbst die Schuld für Misserfolge zu geben, anstatt äußere Faktoren zu berücksichtigen.

Die Forscherinnen und Forscher fanden heraus, dass positives Denken in Maßen zwar motivieren kann, aber wenn es in einem „alles oder nichts"-Denken endet, kann es gefährlich werden. Das bedeutet: Es ist in Ordnung, Ziele zu haben und an sich zu glauben, aber das allein reicht nicht. Es braucht auch Handlung, Ressourcen und manchmal einfach nur Glück. Anna stellt sich dabei vor, wie sie bei der nächsten Motivationsrede eines „Erfolgs-Coaches" fragt: „Aber was, wenn ich einfach nur Pech hatte?"

Warum positives Denken allein nicht genug ist

Barbara Ehrenreich, Autorin des Buches *Smile or Die: How Positive Thinking Fooled America & The World*, hat eine klare Meinung zu diesem Thema: Der Glaube, man könne durch positives Denken alles erreichen, führt zu einem toxischen Optimismus. Menschen, die immer nur positiv denken sollen, verlieren den Bezug zur Realität und laufen Gefahr, ihre tatsächlichen Herausforderungen zu ignorieren. Ehrenreich nennt dies den „Zwangsoptimismus" – eine Art Selbsttäuschung, die uns glauben lässt, dass wir unsere Probleme einfach weglächeln können.

Anna fühlt sich ertappt. Wie oft hat sie schon versucht, durch reines positives Denken ihre Probleme zu „überwinden", nur um festzustellen, dass sie am Ende des Tages immer noch mit den gleichen Herausforderungen dasteht? Vielleicht liegt der wahre Weg zum Erfolg eher darin, ehrlich zu sich selbst zu sein, die eigenen Grenzen zu erkennen und realistische Schritte zu unternehmen, statt auf magische Wunder durch positives Denken zu warten.

Die harte Realität: Glaube allein reicht nicht

Egal wie oft uns eingeredet wird, dass wir nur „glauben" müssen, um alles zu erreichen – die Realität sieht anders aus. Es braucht konkrete Handlungsschritte, realistische Pläne und manchmal auch einfach den Mut, den ersten kleinen Schritt zu tun. Anna hat erkannt, dass sie zwar gerne an das Gute im Leben glauben darf, aber nicht alles in ihrer Macht steht – und das ist in Ordnung.

Positives Denken ist wichtig, aber es reicht nicht aus, nur optimistisch zu sein. Manchmal ist es realistischer, die negativen Seiten zu erkennen, sich den Herausforderungen zu stellen und einen Plan zu haben, anstatt nur zu hoffen, dass sich alles von selbst regelt.

Fazit: Glaube ist wichtig, aber Handlungen zählen mehr

Am Ende des Tages reicht positives Denken allein nicht aus. Es ist in Ordnung, große Träume zu haben und an sich zu glauben, aber ohne konkrete Handlungen und realistische Erwartungen kommt man nicht weit. Anna hat gelernt, dass es keine Schwäche ist, sich den eigenen Grenzen bewusst zu sein. Es ist viel besser, realistische Schritte zu gehen, als darauf zu warten, dass das Universum einem die Lösungen auf dem Silbertablett serviert.

Praktischer Tipp: Positive Gedanken mit realistischen Zielen kombinieren

Was ist die Lösung? Eine gute Mischung aus positivem Denken und realistischen Zielen. Die Psychologin Gabriele Oettingen entwickelte das Konzept des „mental contrasting", bei dem positive Gedanken mit realistischen Erwartungen und Handlungen kombiniert werden. Studien haben gezeigt, dass Menschen, die ihre Träume zwar visualisieren, aber gleichzeitig auch die Hindernisse auf dem Weg dorthin bedenken, langfristig erfolgreicher sind. Das hilft, übertriebene Erwartungen zu vermeiden und sich auf die tatsächlichen Herausforderungen vorzubereiten.

Anna beschließt, diese Methode einmal auszuprobieren. Sie nimmt sich vor, ihren nächsten „großen Plan" nicht nur durch rosarote Brillen zu betrachten, sondern auch die Stolpersteine und Hürden einzukalkulieren. Und siehe da – plötzlich fühlt sich der Weg viel machbarer an, auch wenn er vielleicht nicht mit Regenbögen und Sternenregen gepflastert ist.

Du bist, was du fühlst – oder nicht?
Anna beginnt zu realisieren, dass wahre emotionale Gesundheit nicht darin besteht, immer glücklich zu sein. Doch wie können wir die alten, toxischen Denkmuster loslassen und einen gesünderen Umgang mit unseren Gefühlen finden? Wir machen einen kurzen Exkurs und tauchen ein in die Kunst des Loslassens.

Die Psychologie des Loslassens

Loslassen erfordert eine besondere Form der kognitiven Flexibilität, die uns ermöglicht, unsere Gedanken und Emotionen an veränderte Situationen anzupassen. Forscher wie **Kashdan und Rottenberg (2010)** haben gezeigt, dass Menschen, die in der Lage sind, ihre Emotionen flexibel zu regulieren, weniger anfällig für Depressionen und Angstzustände sind. Durch das Loslassen wird es uns möglich, negative Erlebnisse schneller zu verarbeiten und uns emotional zu erholen.

Eine Meta-Analyse von **Aldao et al. (2010)** bestätigte, dass emotionale Regulationsstrategien wie Akzeptanz und Loslassen zu einer signifikanten Reduzierung von Stress führen. Diese Studien unterstreichen die Bedeutung des Loslassens als Grundlage für langfristige emotionale Gesundheit.

In Annas Fall bedeutet dies, dass sie, indem sie den Druck loslässt, immer alles perfekt machen zu müssen, emotional stabiler wird. Sie lernt, sich auf das zu konzentrieren, was sie wirklich kontrollieren kann, und akzeptiert, dass nicht immer alles nach Plan läuft.

Die Rolle der Achtsamkeit beim Loslassen

Ein besonders wirkungsvolles Werkzeug, um das Loslassen zu erlernen, ist **Achtsamkeit**. In der Achtsamkeitspraxis geht es darum, den Moment zu akzeptieren, wie er ist, ohne ihn verändern zu wollen. **Keng, Smoski und Robins (2011)** fanden in ihrer Studie heraus, dass Achtsamkeitsübungen dabei helfen, negative Emotionen anzunehmen, anstatt sie zu verdrängen. Menschen, die regelmäßig Achtsamkeit praktizieren, zeigen eine signifikante Reduktion von Stress und eine verbesserte emotionale Flexibilität.

Weitere Forschung von **Holzel et al. (2011)** zeigt sogar, dass Achtsamkeit das Gehirn strukturell verändert. Regelmäßige Achtsamkeitsübungen führen zu einer Vergrößerung des präfrontalen

Kortex, was uns hilft, Emotionen besser zu regulieren und loszulassen. Für Anna bedeutet dies, dass sie durch Achtsamkeit nicht nur lernt, emotional flexibler zu sein, sondern dass ihr Gehirn langfristig widerstandsfähiger gegenüber Stress wird.

Fallbeispiel: Loslassen als Schlüssel zu emotionaler Freiheit

Ein Beispiel aus meiner Praxis ist Tobias, ein Klient, der sich selbst als Perfektionist bezeichnete. Er war überzeugt, dass er nur erfolgreich sein würde, wenn er immer die Kontrolle behielt. Diese Denkweise führte zu chronischem Stress und Angstzuständen. Im Laufe der Therapie lernte Tobias jedoch, dass Loslassen keine Schwäche ist, sondern eine bewusste Entscheidung, sich von unnötigem Ballast zu befreien.

Studien wie die von **Stoeber und Otto (2006)** haben gezeigt, dass Perfektionismus das Loslassen erschwert und zu einem höheren Risiko für psychische Belastungen führt. Tobias erkannte, dass es ihm half, den Drang zur Perfektion zu hinterfragen und sich realistischere Ziele zu setzen. Dadurch erlebte er eine enorme Erleichterung und fühlte sich emotional stabiler.

Neurowissenschaftliche Perspektive: Stressreduktion durch Loslassen

Neurowissenschaftlich gesehen hat das Loslassen tiefgreifende Auswirkungen auf das Gehirn. Wenn wir versuchen, alles zu kontrollieren, bleibt unsere **Amygdala**, die für die Verarbeitung von Angst und Stress zuständig ist, ständig aktiv. Eine Studie von **Goldin und Gross (2010)** zeigte, dass Menschen, die regelmäßig Achtsamkeit praktizieren, eine reduzierte Aktivität der Amygdala aufweisen und besser in der Lage sind, mit Stress umzugehen.

Durch das Loslassen kann Anna ihre Amygdala entlasten und ihren Stresspegel senken. Sie lernt, dass es nicht notwendig ist, immer die Kontrolle zu behalten, und dass sie ihre Energie besser darauf verwenden kann, sich auf die Dinge zu konzentrieren, die wirklich wichtig sind.

Praktischer Tipp: Selbstmitgefühl und Achtsamkeit

Ein weiterer wichtiger Aspekt des Loslassens ist **Selbstmitgefühl**. Studien von **Neff (2003)** haben gezeigt, dass Menschen, die sich selbst mit Freundlichkeit und Verständnis begegnen, weniger Stress erleben und besser loslassen können. Selbstmitgefühl stärkt die emotionale Widerstandskraft und ermöglicht es uns, mit schwierigen Situationen entspannter umzugehen.

Übung für den Alltag: Wenn du merkst, dass du dich zu sehr auf Kontrolle und Perfektion konzentrierst, versuche eine Achtsamkeitsübung. Atme tief ein und aus und sage dir: „Es ist in Ordnung, nicht perfekt zu sein." Diese einfache Übung hilft, den inneren Druck zu reduzieren und sich auf das Wesentliche zu besinnen.

Fazit: Die Freiheit des Loslassens

Am Ende dieses Kapitels lernt Anna, dass Loslassen nicht bedeutet, aufzugeben, sondern die Freiheit zu finden, sich auf das zu konzentrieren, was wirklich wichtig ist. Durch Achtsamkeit und Selbstmitgefühl findet sie mehr innere Ruhe und emotionale Ausgeglichenheit.

Psychologische Forschung zeigt, dass der Versuch, negative Emotionen zwanghaft zu verdrängen, oft den gegenteiligen Effekt hat. Laut einer Studie von Wenzlaff und Wegner (2000) führt das bewusste Verdrängen negativer Gedanken oft dazu, dass diese Gedanken noch stärker werden. Der Versuch, alles „loszulassen", ohne sich mit den Emotionen auseinanderzusetzen, kann auch kontraproduktiv sein.

Reflexionsfrage:

Wo in deinem Leben hältst du an Dingen fest, die du loslassen solltest? Wie könntest du diese Situation neu gestalten und aus einer neuen Perspektive betrachten?

Exkurs: Ikigai – Der Weg zu einem authentischen Leben

Nachdem Anna gelernt hat, loszulassen und sich nicht mehr von der Last der Kontrolle erdrücken zu lassen, stellt sich die Frage: Was gibt ihrem Leben nun Sinn? An dieser Stelle kommt das japanische Konzept des **Ikigai** ins Spiel, das sich als eine Möglichkeit anbietet, echte Erfüllung zu finden.

Ikigai basiert auf der Idee, dass wahres Glück und Zufriedenheit nicht aus erzwungener Positivität oder Perfektionismus entstehen, sondern aus dem Finden einer Balance zwischen den Dingen, die wir lieben, unseren Fähigkeiten und den Bedürfnissen der Welt.

Wie Ikigai den Prozess des Loslassens unterstützt

Nachdem Anna den Druck, alles perfekt machen zu müssen, losgelassen hat, kann sie beginnen, ihren eigenen Weg zu erkunden. Dabei stellt sich die Frage: Was bringt ihr Freude, und wie kann sie diese Freude mit ihren Fähigkeiten und den Anforderungen der Welt in Einklang bringen?

Hier zeigt sich, wie **Ikigai** toxische Positivität ersetzt. Es geht nicht darum, immer fröhlich zu sein oder auf die bestmöglichen Ergebnisse zu hoffen. Vielmehr verlangt Ikigai, dass wir uns den Fragen stellen: „Was macht mein Leben lebenswert?" und „Wie kann ich auf eine Weise leben, die mich tief erfüllt?"

Praktische Übung: Finde dein Ikigai

"Ikigai" ist ein japanisches Konzept, das oft mit "der Grund des Seins" oder "das, wofür es sich zu leben lohnt" übersetzt wird. Wörtlich setzt es sich aus zwei Wörtern zusammen:

- **"Iki" (生き) bedeutet "Leben" oder "am Leben sein".**
- **"Gai" (甲斐) bedeutet "Wert" oder "Nutzen".**

Zusammen beschreibt Ikigai also das, was das Leben wertvoll und lebenswert macht. Es bezieht sich auf den inneren Antrieb oder den Zweck, der einem das Gefühl gibt, dass das Leben Bedeutung hat. In der Praxis wird es oft verwendet, um den Sinn des Lebens, die persönliche Erfüllung und das Streben nach Glück und Zufriedenheit zu beschreiben.

Um den eigenen Ikigai zu finden, kann Anna die folgenden vier Fragen beantworten:

- **Was liebe ich?** (Was bringt mir Freude?)
- **Worin bin ich gut?** (Was sind meine Fähigkeiten?)
- **Was braucht die Welt von mir?** (Wo kann ich beitragen?)
- **Wofür werde ich bezahlt?** (Wie kann ich diese Elemente in meinem Leben verwirklichen?)

Anna könnte damit beginnen, diese Fragen zu reflektieren, und sich nach und nach auf ihren eigenen authentischen Weg begeben.

Mit all den Ratschlägen im Gepäck, dass sie wirklich ALLES erreichen kann, war Anna nun bestens auf die nächste Lektion vorbereitet: dass das Leben kein Einhorn-Regenbogen-Ritt ist. Nicht einmal, wenn Klaus ihr jeden Tag ein neues, glitzerndes Einhorn-Motivationsposter auf den Schreibtisch stellt. Zum Glück gibt es auch normale Tage – und genau darüber sprechen wir jetzt.

Kapitel 5

„Das Leben ist kein Einhorn-Regenbogen-Ritt – Warum wir negative Gefühle nicht nur zulassen, sondern umarmen sollten

Der „Du kannst alles erreichen"-Mythos

Ein paar Tage später, mitten in einem Ozean von unerledigten Aufgaben, tauchte Klaus erneut auf, diesmal mit einem besonders inspirierenden Ratschlag. „Anna, du kannst alles erreichen, wenn du nur daran glaubst!"

Anna ließ den Stift fallen, den sie fest in der Hand hielt, und drehte sich langsam zu ihm um. „Also wenn ich fest genug daran glaube, dass meine To-Do-Liste verschwindet, dann... passiert das auch?"

Klaus nickte eifrig. „Genau! Das Universum hört zu!"

Anna überlegte kurz, ob das Universum auch zuhören würde, wenn sie lautstark um eine Urlaubswoche auf den Malediven beten würde. Doch dann entschied sie sich, die Energie lieber für ihre eigentliche Arbeit zu verwenden. „Okay, Klaus, ich werde heute Abend beim Universum anrufen und sehen, ob es frei ist."

Die Absurdität des „Immer Glücklich"-Denkens

In einer Welt, die uns ständig sagt, dass wir unser „bestes Leben" leben sollen, fühlt sich das Zulassen negativer Emotionen fast schon wie ein revolutionärer Akt an. Das Bild, das uns in den sozialen Medien und Selbsthilfe-Büchern oft verkauft wird, ist klar: Erfolg bedeutet, immer glücklich, motiviert und positiv zu sein. Doch diese Vorstellung ist nicht nur unrealistisch – sie kann auf Dauer schädlich sein.

Anna hat sich oft gefragt, warum es so verpönt ist, sich schlecht zu fühlen. Wer hat eigentlich beschlossen, dass Traurigkeit, Wut oder Frustration „negative" Gefühle sind, die es zu vermeiden gilt? Die Realität sieht anders aus: Diese Emotionen sind Teil unseres menschlichen Daseins und haben eine wichtige Funktion.

Psychologische Konzepte: Emotionale Agilität und radikale Akzeptanz

Um das zu verstehen, tauchen wir etwas tiefer in die Psychologie ein. Ein entscheidendes Konzept hierbei ist die sogenannte „emotionale Agilität", die von der Psychologin Dr. Susan David entwickelt wurde. Emotionale Agilität beschreibt die Fähigkeit, flexibel auf unsere Emotionen zu reagieren, anstatt sie zu unterdrücken oder zu verleugnen. Menschen, die emotional agil sind, können sowohl positive als auch negative Gefühle akzeptieren und daraus lernen, ohne sich von ihnen überwältigen zu lassen.

Dr. David betont, dass es nicht darum geht, negative Emotionen loszuwerden, sondern sie als nützliche Informationen zu betrachten. Wenn wir uns frustriert oder traurig fühlen, signalisiert uns unser emotionales System, dass etwas in unserem Leben nicht stimmt – es ist eine Art Alarmsignal, das uns hilft, Veränderungen vorzunehmen. Statt diese Gefühle zu ignorieren oder zu überdecken, sollten wir sie als Wegweiser nutzen.

Ein verwandtes Konzept ist die „radikale Akzeptanz", wie es von der Psychotherapeutin Marsha Linehan entwickelt wurde. Bei radikaler Akzeptanz geht es darum, die Realität so anzunehmen, wie sie ist – mit all ihren positiven und negativen Facetten. Linehan betont, dass das Annehmen von unangenehmen Gefühlen nicht bedeutet, dass wir ihnen erlauben, uns zu überwältigen, sondern dass wir sie anerkennen, ohne Widerstand zu leisten. Indem wir aufhören, gegen die Realität anzukämpfen, gewinnen wir die Freiheit, auf sinnvolle Weise zu reagieren.

Anna fragt sich, wie viel leichter ihr Leben wohl wäre, wenn sie aufhören würde, sich für ihre schlechten Tage zu verurteilen und diese stattdessen als wertvolle Gelegenheiten zur Selbstreflexion betrachten könnte.

Studien zeigen: Negative Gefühle sind essenziell für unser Wohlbefinden

Es gibt eine wachsende Zahl an Studien, die belegen, dass das Akzeptieren negativer Emotionen essenziell für unser Wohlbefinden ist. Eine im *Journal of Personality and Social Psychology* veröffentlichte Studie aus dem Jahr 2017 zeigt, dass Menschen, die ihre negativen Emotionen annehmen, weniger stressanfällig und emotional stabiler sind. Diese Menschen erleben weniger häufig Symptome von Angst und Depressionen, weil sie sich nicht ständig selbst zwingen, positiv zu sein.

Die Forscher fanden heraus, dass der Versuch, negative Gefühle zu verdrängen oder zu ignorieren, paradoxerweise dazu führt, dass diese Gefühle an Intensität zunehmen. Das liegt daran, dass unser Gehirn auf ungelöste Konflikte fixiert bleibt, bis wir uns ihnen stellen. Das alte Sprichwort „Was du verdrängst, verstärkt sich" trifft hier voll zu.

Für Anna bedeutet das, dass es höchste Zeit ist, ihre negativen Emotionen als Teil ihres Lebens anzunehmen, anstatt sie wegzudrücken. Sie erkennt, dass diese Emotionen ihr etwas mitteilen – ob es nun Frustration über eine Überforderung bei der Arbeit ist oder Traurigkeit darüber, dass sie sich nicht immer so leistungsfähig fühlt, wie sie gerne wäre.

Warum toxische Positivität uns emotional starr macht

Wenn wir uns ständig zwingen, positiv zu sein, verlernen wir, flexibel auf das Leben zu reagieren. Emotionale Starrheit entsteht, wenn wir nur noch Platz für positive Gefühle lassen und die negativen ausklammern. Doch das Leben ist nicht immer „high vibe" – und das ist in Ordnung. Anna erkennt, dass sie sich durch toxische Positivität selbst eine emotionale Schablone auferlegt hat, die ihr nicht guttut.

Eine Studie der *Stanford University* aus dem Jahr 2020 zeigt, dass Menschen, die toxische Positivität praktizieren (bewusst oder unbewusst), häufiger emotionale Erschöpfung erleben. Sie fühlen sich innerlich leer und distanziert, weil sie ihre wahren Emotionen nicht zulassen und ausleben. Langfristig führt das zu Burnout und emotionaler Entfremdung von sich selbst und anderen.

Praktischer Tipp: Wie du negative Gefühle als Wachstumspotenzial nutzt

Was kannst du also tun, wenn du merkst, dass du dich von toxischer Positivität gefangen fühlst? Hier ein paar praktische Ansätze:

1. **Erkenne deine Gefühle an:** Anstatt zu versuchen, unangenehme Gefühle zu unterdrücken, nimm sie bewusst wahr. Frag dich: „Was will mir diese Emotion sagen?" Es kann hilfreich sein, ein Tagebuch zu führen, um deine Gefühle zu reflektieren und herauszufinden, was sie auslöst.
2. **Vermeide den Zwang zum Optimismus:** Gib dir die Erlaubnis, schlechte Tage zu haben, ohne den Druck, sie sofort „in den Griff" zu bekommen. Manchmal reicht es, sich einzugestehen, dass man sich gerade mies fühlt – und das ist völlig okay.
3. **Fokussiere dich auf emotionale Flexibilität:** Emotionale Agilität bedeutet, dass du in der Lage bist, sowohl positive als auch negative Gefühle zu akzeptieren, ohne dich von ihnen überwältigen zu lassen. Trainiere dich darin, auf deine Emotionen flexibel zu reagieren, anstatt dich in toxischen Positivitätszwängen zu verfangen.

Fazit: Das Leben ist eine Mischung aus Regen und Sonnenschein – und beides hat seinen Platz

Anna hat gelernt, dass das Leben nicht nur aus „Good Vibes" besteht. Negative Gefühle sind nicht nur normal, sondern auch notwendig, um zu wachsen und sich weiterzuentwickeln. Statt zu versuchen, immer nur auf der Sonnenseite des Lebens zu stehen, hat sie beschlossen, auch die Regentage zu genießen. Denn am Ende des Tages sind es die Herausforderungen und die schlechten Tage, die uns stärker und resilienter machen.

Reflexionsfrage:

Wie kannst du deine negativen Emotionen als Hinweise verstehen, anstatt sie zu ignorieren? Welche Informationen geben sie dir über deine Bedürfnisse?

Nachdem sie eingesehen hatte, dass das Leben keine dauerhafte Party mit Glitzerkonfetti und Regenbogen ist, erkannte Anna den wahren Trick der toxischen Positivität: Sie war eine meisterhafte Ablenkung vom echten Leben. Und wer war Meister dieser Kunst? Na klar, Klaus! Denn sobald er ein Problem sah, schüttelte er die „Good Vibes"-Dose und hoffte, dass die Probleme damit verschwanden.

Kapitel 6

Positivität als Ablenkung – Wie wir durch toxische Positivität echte Probleme ignorieren

Positivität als Flucht vor der Realität

Anna hat schon oft beobachtet, dass Menschen toxische Positivität nicht nur als Lebensphilosophie, sondern auch als eine Art Fluchtmechanismus nutzen. Sobald unangenehme oder schwierige Themen aufkommen, wird reflexartig mit einem „Ach, denk doch positiv!" geantwortet. Es ist fast so, als ob man durch das Wiederholen positiver Sätze verhindern könnte, dass sich die Welt mit ihren unangenehmen Realitäten meldet. Doch je öfter Anna das sieht, desto klarer wird ihr: Positives Denken kann uns auch davon abhalten, uns echten Problemen zu stellen.

Es ist so, als würde man den Elefanten im Raum mit einem „Good Vibes Only"-Poster abdecken und so tun, als wäre alles in bester Ordnung. Doch der Elefant bleibt da – egal, wie sehr man ihn mit bunten Phrasen verdecken will. Anna fragt sich, warum so viele Menschen denken, dass das Wegdrücken von Problemen eine nachhaltige Lösung sein könnte.

Die „Alles passiert aus einem Grund"-Illusion

Es war ein Regentag, und Anna hatte ihren Regenschirm im Büro vergessen. Klaus schoss auf sie zu, als sie in der Tür stand, klatschnass und völlig durchnässt. „Siehst du, Anna, alles passiert aus einem Grund! Vielleicht hat das Universum einen Plan für deinen nassen Tag!"

Anna blickte ihn an, das Wasser tropfte aus ihren Haaren, während sie versuchte, nicht laut zu lachen. „Einen Plan, sagst du? Ah, vielleicht sollte ich jetzt einen Regenbogen umarmen und die

Bedeutung des Lebens ergründen, während ich hier stehe und langsam zu einem Pfützenwesen mutiere."

„Ganz genau!", sagte Klaus begeistert. „Jeder Tropfen hat eine Bedeutung!"

Anna schloss die Augen und dachte darüber nach, wie schön es wäre, Klaus' Positivität in eine Flasche abzufüllen – und sie in den Ozean zu werfen.

Das Konzept des „emotionellen Vermeidungsverhaltens"

Ein psychologisches Konzept, das hier eine wichtige Rolle spielt, ist das sogenannte „emotionelle Vermeidungsverhalten". Emotionelle Vermeidung tritt dann auf, wenn wir unangenehme Emotionen oder Probleme ignorieren oder unterdrücken, anstatt uns mit ihnen auseinanderzusetzen. Dies kann kurzfristig Erleichterung verschaffen, führt aber langfristig zu emotionalem Druck, der irgendwann unweigerlich nach außen dringt.

Studien zeigen, dass emotionelle Vermeidung oft mit toxischer Positivität einhergeht. Menschen, die ständig versuchen, nur positiv zu denken, entwickeln eine Art emotionalen Schutzschild, der sie davon abhält, sich unangenehmen Gefühlen zu stellen. Eine im *Journal of Clinical Psychology* veröffentlichte Studie aus dem Jahr 2015 fand heraus, dass emotionelle Vermeidung stark mit Depressionen und Angststörungen korreliert. Denn je mehr wir uns bemühen, unangenehme Gefühle zu vermeiden, desto stärker drängen sie sich später auf.

Anna erkennt, dass sie selbst schon oft auf emotionelle Vermeidung zurückgegriffen hat – sei es durch positive Selbstgespräche oder das Ablenken von Problemen. Doch sie spürt jetzt, dass diese Methode nicht funktioniert. Stattdessen sammeln sich die ungelösten Konflikte und der innere Druck steigt, bis er nicht mehr ignoriert werden kann.

Wie toxische Positivität uns von der Lösung unserer Probleme abhält

Der Gedanke „Bleib einfach positiv!" scheint auf den ersten Blick verlockend, doch in Wahrheit lenkt er uns oft von den eigentlichen Problemen ab. Wenn wir uns zu sehr darauf konzentrieren, alles durch eine rosarote Brille zu sehen, übersehen wir die Herausforderungen, die es eigentlich zu bewältigen gilt. Es ist, als würde man auf einem sinkenden Schiff stehen und sich nur darauf konzentrieren, wie schön die Aussicht auf dem Meer ist, anstatt das Leck zu reparieren.

Eine Studie der *Harvard Business Review* untersuchte, wie toxische Positivität in Unternehmen das Problemlösungsverhalten beeinträchtigt. Es zeigte sich, dass Mitarbeiter, die ständig dazu angehalten werden, positiv zu denken und „gute Stimmung" zu verbreiten, oft Schwierigkeiten haben, echte Probleme anzusprechen. Das Ergebnis? Konflikte und Schwierigkeiten werden unter den Teppich gekehrt, bis sie schließlich eskalieren. Die Studie kommt zu dem Schluss, dass eine gesunde Balance zwischen positivem Denken und realistischer Problemanalyse entscheidend ist.

Für Anna bedeutet das, dass sie aufhören muss, sich hinter positiven Gedanken zu verstecken. Statt sich auf „alles wird schon gut" zu verlassen, muss sie den Mut finden, die unangenehmen Dinge anzusprechen und anzugehen.

Praktischer Tipp: Den Elefanten im Raum sehen

Was kannst du tun, um zu verhindern, dass Positivität zu einer Ablenkung wird? Hier ein paar praktische Ansätze:

1. **Frage dich: Was verdränge ich gerade?** Wenn du merkst, dass du dich immer wieder auf positive Phrasen verlässt, halte inne und frage dich, ob es da ein ungelöstes Problem gibt, das du vielleicht ignorierst. Oft hilft es, die

eigenen Gedanken in einem Tagebuch zu ordnen oder mit einer vertrauten Person über deine echten Sorgen zu sprechen.

2. **Akzeptiere, dass Probleme real sind:** Es ist nichts falsch daran, sich einzugestehen, dass Dinge schieflaufen. Probleme zu erkennen, bedeutet nicht, dass du pessimistisch bist – es ist der erste Schritt zur Lösung.

3. **Fokussiere dich auf Problemlösung statt auf Verdrängung:** Positives Denken kann eine hilfreiche Ergänzung sein, aber es sollte nie die Auseinandersetzung mit Problemen ersetzen. Fokussiere dich auf konkrete Schritte, die du unternehmen kannst, um die Herausforderung anzugehen, anstatt sie durch positive Phrasen wegzudrücken.

Warum „Nur Positivität" eine verzerrte Sicht auf das Leben schafft

Die Gefahr von toxischer Positivität liegt auch darin, dass sie eine verzerrte Sicht auf das Leben erzeugt. Wer ständig nur das Gute sieht oder sehen will, läuft Gefahr, die Realität zu verleugnen. Das Leben ist nicht immer angenehm und freundlich – es gibt Herausforderungen, die sich nicht mit einem Lächeln lösen lassen. Indem wir uns nur auf positive Gefühle konzentrieren, berauben wir uns selbst der Tiefe und Komplexität unserer eigenen Erfahrungen.

Eine Studie der *University of California* aus dem Jahr 2019 zeigte, dass Menschen, die versuchen, ausschließlich positiv zu denken, oft eine eingeschränkte Sicht auf das Leben entwickeln. Sie neigen dazu, unangenehme Erfahrungen zu verdrängen und sehen das Leben durch einen künstlich geschaffenen Filter, der langfristig zu emotionaler Isolation führt. Anna erkennt, dass sie selbst in diesen Strudel geraten ist – und es wird Zeit, aus diesem Gefängnis des „Zwangsoptimismus" auszubrechen.

Fazit: Positiv denken, aber nicht auf Kosten der Realität

Am Ende versteht Anna, dass es nicht darum geht, das Positive völlig aus ihrem Leben zu verbannen. Positivität hat ihren Platz – aber nicht als Verdrängungsmechanismus. Es ist wichtig, auch die unangenehmen Seiten des Lebens anzuerkennen und sich den echten Problemen zu stellen. Nur so kann man langfristig wachsen und echte Erleichterung finden.

Authentische Emotionen zuzulassen, ist ein Schlüssel zu mentaler Gesundheit. Eine Untersuchung von Kernis (2003) zeigt, dass Menschen, die authentisch sind und ihre wahren Gefühle zeigen, langfristig psychisch gesünder sind als diejenigen, die ständig versuchen, eine glückliche Fassade aufrechtzuerhalten. Authentische Menschen sind emotional flexibler und weniger anfällig für Depressionen.

Reflexionsfrage:

Wo hast du das Gefühl, dass du deine echten Gefühle zurückhalten musst? Was würde passieren, wenn du dir erlaubst, authentischer zu sein?

Exkurs: Die Psychologie des ewigen Glücksstrebens

Die Vorstellung, dass wir ständig glücklich sein müssen, ist nicht nur unpraktisch, sondern kann uns auch emotional schaden. Psychologen wie **Barbara Fredrickson (2009)**, eine Pionierin der positiven Psychologie, betonen, dass positives Denken zwar wichtig ist, aber nur dann, wenn es realistisch bleibt. Die **Broaden-and-Build-Theorie** von Fredrickson erklärt, dass positive Emotionen unsere kognitive Flexibilität fördern und uns helfen, neue Lösungen für Probleme zu finden. Doch das Streben nach ununterbrochenem Glück führt oft zu unrealistischen Erwartungen, die langfristig enttäuschen.

Sheldon und Lyubomirsky (2007) stellten in einer Studie fest, dass Menschen, die zwanghaft nach Glück streben, oft weniger zufrieden mit ihrem Leben sind. Sie zeigten, dass das ständige Verlangen nach Glück zu chronischer Unzufriedenheit führen kann, da jede Abweichung von diesem Ideal als persönliches Versagen wahrgenommen wird. Anna erkennt, dass das Streben nach ständiger Positivität sie eher erschöpft, als dass es sie glücklich macht.

Praktischer Tipp: Erlaube dir, NICHT glücklich zu sein

Anna beginnt zu verstehen, dass es in Ordnung ist, nicht immer glücklich zu sein. Sie erkennt, dass es emotional gesünder ist, sich schlechte Tage zu erlauben. „Vielleicht sollte ich mir öfter eine Pause von diesem Glücksstress gönnen," denkt sie. Genau hier kommt der nächste Schritt ins Spiel: das bewusste Zulassen von negativen Emotionen.

Psychologen empfehlen, sich kleine „**Negative Emotionen**"-Pausen zu gönnen. Wenn du dich gestresst, wütend oder traurig fühlst, nimm dir einen Moment, um dieses Gefühl bewusst zu erleben, anstatt es zu verdrängen. Emotionale Pausen helfen, die negativen Gefühle zu verarbeiten und tragen zur emotionalen Balance bei.

Die wissenschaftlichen Auswirkungen von toxischem Glücksstreben

Eine Studie von **Gruber et al. (2011)** zeigt, dass das übertriebene Streben nach Glück das Risiko für psychische Erkrankungen wie Depressionen und Angststörungen erhöhen kann. Menschen, die glauben, sie müssten immer glücklich sein, entwickeln oft einen inneren Druck, der sie emotional ausbrennen lässt.

Dieser **hedonistische Imperativ** – die Vorstellung, dass Glück das höchste Ziel ist – kann uns von einem realistischen und erfüllten Leben ablenken. Anna lernt, dass es wichtiger ist, authentische Emotionen zu erleben, anstatt immer die Illusion von Glück aufrechtzuerhalten.

Fallbeispiel: Der Anti-Happy-Weg

Eine Klientin von mir, nennen wir sie **Marion**, kam zu mir, weil sie ständig das Gefühl hatte, nicht glücklich genug zu sein. Sie beschrieb ihr Leben als „fast perfekt", aber es fehlte ihr immer das gewisse Etwas, das sie wirklich glücklich machte. Nach einigen Gesprächen stellte sich heraus, dass Marions ständiges Streben nach dem „nächsten Glücksmoment" sie daran hinderte, ihre gegenwärtigen Gefühle zu akzeptieren. Sie fühlte sich oft leer, obwohl sie nach außen hin ein glückliches Leben führte.

Durch die Arbeit an emotionaler Akzeptanz lernte Marion, dass es nicht darum geht, immer glücklich zu sein, sondern die Momente der Freude und Trauer gleichermaßen zu akzeptieren. Heute bezeichnet sie sich selbst als „Anti-Happy-Botschafterin" und genießt es, auch mal schlecht drauf zu sein – ohne schlechtes Gewissen.

Praktischer Tipp: Akzeptiere die negativen Gefühle

Anna lernt, dass es emotionale Freiheit bedeutet, sich alle Emotionen zu erlauben – auch die schlechten. Eine einfache Übung, die sie in stressigen Momenten anwendet, ist die „Fühl-was-du-fühlst"-Technik:

- Setze dich hin, schließe die Augen und nimm einen tiefen Atemzug.
- Frage dich: „Was fühle ich gerade wirklich?"
- Erlaube dir, diese Emotion zu erleben, ohne sie sofort ändern zu wollen.

Diese Übung hilft Anna, ihren emotionalen Zustand zu akzeptieren, ohne den Druck, ihn sofort verbessern zu müssen.

Fazit: Die Freiheit, nicht immer glücklich zu sein

Anna erkennt, dass das Streben nach ständiger Positivität eine Falle ist. Es ist nicht nur okay, sich schlecht zu fühlen – es ist ein wichtiger Teil des emotionalen Wohlbefindens. Statt sich auf die Jagd nach Glück zu begeben, beginnt Anna, ihre Gefühle so zu akzeptieren, wie sie sind, und erkennt, dass wahres Glück nicht darin besteht, ständig happy zu sein.

Der soziale Druck, immer glücklich zu sein, kann zu Burnout und emotionaler Erschöpfung führen. Eine Studie von Brotheridge und Grandey (2002) zeigt, dass Menschen, die in ihrem Job oder in ihrem sozialen Umfeld dazu gezwungen sind, ständig positiv zu sein, häufig emotional erschöpft sind und langfristig unter einem hohen Stressniveau leiden.

Reflexionsfrage:

Wann hast du das Gefühl, dass du dich zur Positivität zwingen musst? Welche negativen Auswirkungen hat das auf deine emotionale Gesundheit?

Nachdem Anna die Wahrheit über das ständige Weglächeln von Problemen erkannt hatte, wartete schon die nächste Weisheit auf sie: „Alles passiert aus einem Grund!" Natürlich, dachte sie, der Grund, warum Klaus das glaubte, ist wahrscheinlich, weil er die Realität noch nie ohne seine rosarote Brille betrachtet hat. Bereit für die nächste Lektion?

Kapitel 7

„Alles passiert aus einem Grund!" – Warum dieser Satz dich in die Irre führt

Der trügerische Trost des „höheren Plans"

„Alles passiert aus einem Grund!" – ein Satz, der oft als ultimative Beruhigungspille verwendet wird, wenn etwas schiefläuft. Egal ob es eine Trennung, ein Jobverlust oder ein geplatzter Reifen ist, dieser Satz wird oft wie eine Art universeller Putzlappen benutzt, um jedes Ereignis mit einem höheren Sinn zu versehen. Doch Anna hat allmählich das Gefühl, dass dieser Satz mehr Fragen aufwirft, als er beantwortet. Denn was passiert eigentlich, wenn du den Grund für dein Unglück einfach nicht finden kannst?

Während der Gedanke, dass alles einem größeren Plan folgt, kurzfristig tröstlich wirken mag, erkennt Anna, dass dieser Ansatz auf lange Sicht ziemlich problematisch ist. Er verlagert die Verantwortung und lässt uns glauben, dass wir in einer Art „kosmischer Simulation" leben, in der jeder Rückschlag eine verborgene Lektion bereithält. Aber was, wenn das Leben einfach nur manchmal chaotisch ist? Ohne größere Bedeutung oder versteckte Botschaft?

Psychologisches Konzept: Der Wunsch nach Kontrolle

Der Glaube, dass „alles aus einem Grund passiert", ist tief in unserem Wunsch nach Kontrolle verankert. Menschen suchen nach Erklärungen für das Unerklärliche, weil es ihnen das Gefühl gibt, das Leben wäre vorhersehbar und sicher. Dies nennt sich in der Psychologie „Illusion der Kontrolle". Es ist unser Versuch, in einer oft chaotischen und unvorhersehbaren Welt einen Sinn zu finden.

Eine Studie des *Journal of Experimental Social Psychology* aus dem Jahr 2016 zeigt, dass Menschen dazu neigen, nach Mustern und Bedeutungen zu suchen, selbst wenn diese gar nicht existieren.

Dieser Drang, alles mit einem tieferen Sinn zu erklären, hilft uns, das Gefühl von Sicherheit aufrechtzuerhalten. Doch Anna merkt zunehmend, dass dieser „Sinn" in vielen Fällen gar nicht existiert und der Versuch, ihn zu finden, eher frustriert, als dass er Trost bringt.

Die dunkle Seite des „Höheren Plans"

Während der Glaube an einen höheren Plan in manchen Situationen helfen kann, kann er in anderen Fällen auch hinderlich sein. Wenn wir uns zu sehr auf das „Alles passiert aus einem Grund"-Mantra verlassen, riskieren wir, Verantwortung für unser eigenes Leben abzugeben. Wir warten darauf, dass der „Grund" uns offenbart wird, anstatt aktiv nach Lösungen zu suchen oder aus eigenen Fehlern zu lernen.

Eine im *Journal of Applied Social Psychology* veröffentlichte Studie zeigt, dass Menschen, die stark an das Konzept des Schicksals glauben, tendenziell weniger proaktiv sind, wenn es darum geht, Herausforderungen im Leben zu bewältigen. Der Glaube an einen höheren Plan kann dazu führen, dass wir in einer passiven Haltung verharren, anstatt Verantwortung für unsere Handlungen zu übernehmen und selbstbestimmt zu handeln.

Anna beginnt zu begreifen, dass es manchmal keinen tieferen Grund für das gibt, was passiert. Manchmal passieren Dinge einfach. Und das ist okay. Statt nach einem übergeordneten Sinn zu suchen, könnte sie ihre Energie darauf verwenden, zu entscheiden, wie sie auf das reagiert, was ihr widerfährt.

Praktischer Tipp: Übernimm Verantwortung, ohne nach „Gründen" zu suchen

Anstatt immer nach dem „Warum" zu fragen, ist es oft hilfreicher, sich auf das „Was jetzt?" zu konzentrieren. Hier ein paar praktische Schritte, wie du Verantwortung für dein Leben übernehmen kannst, ohne dich auf das Konzept des „höheren Plans" zu verlassen:

1. **Akzeptiere, dass das Leben unvorhersehbar ist**: Nicht alles im Leben kann erklärt oder kontrolliert werden. Anstatt zu versuchen, jedem Ereignis einen tieferen Sinn zu geben, akzeptiere, dass manche Dinge einfach passieren. Das gibt dir die Freiheit, auf Veränderungen flexibel zu reagieren.
2. **Fokussiere dich auf deine Reaktionen, nicht auf den Grund**: Es ist wichtiger, wie du auf Herausforderungen reagierst, als den tieferen Grund dahinter zu ergründen. Frage dich: „Was kann ich jetzt tun, um mit dieser Situation umzugehen?" Diese Frage bringt dich weiter als stundenlanges Grübeln über den „Warum".
3. **Sei proaktiv statt passiv**: Anstatt darauf zu warten, dass das Universum dir den „Sinn" deines Problems offenbart, übernimm die Kontrolle und suche nach praktischen Lösungen. Selbst wenn du den Grund nie findest, kannst du entscheiden, wie du die Situation meisterst.

Warum das Leben manchmal keinen Sinn ergibt – und das in Ordnung ist

Anna kommt zu der Erkenntnis, dass der Versuch, jedem Ereignis einen Sinn zu geben, sie manchmal mehr lähmt, als dass er ihr hilft. Sie fragt sich, warum sie so oft darauf fixiert war, den „Grund" hinter ihren Rückschlägen zu finden, anstatt einfach zu akzeptieren, dass das Leben chaotisch und unvorhersehbar ist. Die Wahrheit ist: Das Leben ist nicht immer gerecht, nicht immer planbar und oft einfach nur zufällig.

Eine weitere Studie aus dem Jahr 2018, veröffentlicht in der *American Psychological Association*, fand heraus, dass Menschen, die sich vom Gedanken lösen, dass alles einem übergeordneten Plan folgt, oft glücklicher und emotional flexibler sind. Sie akzeptieren die Unsicherheiten des Lebens und lernen, mit dem Unerwarteten umzugehen, ohne ständig nach einer tieferen Bedeutung zu suchen.

Für Anna bedeutet das, sich vom ständigen Grübeln zu befreien und mehr im Hier und Jetzt zu leben. Statt sich ständig zu fragen, warum etwas passiert ist, entscheidet sie sich, ihren Fokus auf die Gegenwart zu richten und zu fragen: „Was kann ich jetzt tun, um das Beste aus der Situation zu machen?"

Fazit: Manchmal passiert einfach alles ohne Grund – und das ist befreiend

Am Ende lernt Anna, dass nicht alles aus einem Grund passiert. Das Leben ist chaotisch, und manchmal gibt es keine größere Lektion oder Bedeutung hinter einem Rückschlag. Und das ist in Ordnung. Indem sie sich vom Zwang befreit, immer nach einem tieferen Sinn zu suchen, gewinnt sie die Freiheit, auf das zu reagieren, was im Moment passiert – ohne sich von dem „Warum" lähmen zu lassen.

„Alles passiert aus einem Grund", dachte Anna, während sie langsam erkannte, dass dieser Grund oft war, dass sie einfach nicht „Nein" sagen konnte. Zeit, Grenzen zu setzen – auch wenn Klaus sicherlich glauben würde, dass das „Nein" nur der Anfang eines positiven neuen Abenteuers sei.

Kapitel 8

Grenzen setzen – Warum Nein sagen nichts mit Egoismus zu tun hat

Die Macht des Neins

Wenn Anna eines gelernt hat, dann ist es, dass man im Leben nicht immer Ja sagen muss. Nach Jahren des ständigen „Ja-Sagens" und des Versuchens, alle glücklich zu machen, entdeckt sie nun die befreiende Kraft des Wortes „Nein". Doch was so einfach klingt, fühlt sich oft an, als würde man einen Liebesbrief an einen Tornado schicken – man weiß nicht, was als Nächstes passiert.

Als Anna endlich gelernt hatte, Nein zu sagen, war Klaus natürlich der Erste, der ihr dies testweise abverlangte. „Anna, du solltest wirklich mit ins nächste Meeting kommen! Es wird super produktiv, und dein Input wird uns alle voranbringen!"

Anna nahm einen tiefen Atemzug. Sie hatte dieses Meeting auf der Prioritätenliste ganz unten eingeordnet – noch hinter „Kaffee trinken" und „Fenster anstarren". „Nein, Klaus. Diesmal nicht."

Klaus hielt inne. Für einen Moment sah es so aus, als hätte er den Stromausfall seiner überbordenden Positivität erlebt. „Aber..., Anna, das ist eine großartige Gelegenheit! Warum sagst du Nein?"

„Weil ich gelernt habe, meine Grenzen zu setzen", antwortete Anna und lächelte ihn auf eine Weise an, die keinen Zweifel daran ließ, dass sie es ernst meinte. „Und meine Grenze beginnt genau hier – zwischen mir und diesem Meeting."

Klaus schüttelte den Kopf, als er zum ersten Mal in seinem Leben das Wort „Nein" gehörte. „Aber... das ist doch nicht positiv!"

„Manchmal, Klaus, ist ,Nein' das positivste Wort der Welt."

Die Reaktion ist, als hätte sie einen Stein ins Wasser geworfen: Erst Stille, dann Wellen. Doch diesmal fühlt sich Anna nicht schlecht. Im Gegenteil – sie fühlt sich stark.

Die Psychologie des Nein-Sagens

Grenzen zu setzen ist eine der wichtigsten Fähigkeiten, die wir lernen können, um unser emotionales Wohlbefinden zu schützen. Laut der Psychologin **Brené Brown (2010)** ist das Setzen von Grenzen nicht nur notwendig, um gesunde Beziehungen zu pflegen, sondern auch ein Zeichen von Selbstfürsorge und Respekt gegenüber den eigenen Bedürfnissen.

Eine Studie von **Sayette et al. (2001)** fand heraus, dass Menschen, die regelmäßig ihre Grenzen setzen und in der Lage sind, Nein zu sagen, seltener an Burnout und emotionaler Erschöpfung leiden. Dies liegt daran, dass das ständige Ja-Sagen zu einem Zustand der Überforderung führen kann, bei dem die eigenen Bedürfnisse ignoriert werden.

Anna erkennt, dass ihr Nein zu Klaus nicht nur eine Abgrenzung ist, sondern auch ein Akt der Selbstachtung. Sie hat lange genug versucht, es allen recht zu machen, und es hat sie ausgelaugt. Ihr Nein ist ein Zeichen dafür, dass sie sich um sich selbst kümmert.

Praktischer Tipp: Das freundliche Nein

Es gibt viele Arten, Nein zu sagen, ohne unhöflich zu wirken. Eine der effektivsten Techniken ist das **„freundliche Nein"**, bei dem du dem anderen klar machst, dass du seine Anfrage respektierst, aber deine eigenen Grenzen wahren musst. Hier ist ein Beispiel, das Anna verwendet:

„Klaus, ich verstehe, dass du mich für dieses Projekt an Bord haben möchtest, aber ich habe gerade viel zu tun. Vielleicht können wir beim nächsten Mal darüber sprechen."

Indem Anna ihre Grenzen klar kommuniziert, ohne sich zu rechtfertigen oder schuldig zu fühlen, stärkt sie ihre Position und zeigt, dass ihre Zeit und Energie wertvoll sind.

Neurowissenschaftliche Perspektive: Grenzen setzen und das Gehirn

Neurowissenschaftlich gesehen ist das Setzen von Grenzen nicht nur gut für das emotionale Wohlbefinden, sondern auch für das Gehirn. Eine Studie von **McEwen und Gianaros (2010)** fand heraus, dass Menschen, die häufig über ihre emotionalen und physischen Grenzen hinausgehen, ein erhöhtes Risiko für chronischen Stress und stressbedingte Erkrankungen haben. Wenn wir unsere Grenzen wahren, regulieren wir den Cortisolspiegel, was unser Gehirn und unseren Körper vor Überlastung schützt.

Indem Anna lernt, Nein zu sagen, schützt sie ihr Gehirn vor den negativen Auswirkungen von Stress und Überforderung. Das Setzen von Grenzen gibt ihrem Gehirn die Möglichkeit, sich zu erholen und die notwendige Energie für die Dinge zu bewahren, die wirklich wichtig sind.

Fallbeispiel: Das befreiende Nein

Eine meiner Klientinnen namens **Nina** hatte jahrelang das Gefühl, dass sie nicht Nein sagen durfte, aus Angst, die Erwartungen ihrer Familie und Freunde zu enttäuschen. Sie fühlte sich ständig ausgelaugt und emotional erschöpft, weil sie nie Zeit für sich selbst hatte. Während der Therapie lernte Nina, ihre Grenzen zu erkennen und durchzusetzen, ohne sich schuldig zu fühlen.

Im Laufe der Zeit bemerkte Nina, dass das Setzen von Grenzen ihr nicht nur half, sich emotional zu erholen, sondern auch ihre Beziehungen verbesserte. „Es war, als ob ich zum ersten Mal wirklich atmen konnte", sagte sie. „Ich war nicht länger die Person, die immer verfügbar sein musste."

Praktischer Tipp: Wie du klare Grenzen setzt

Hier ist eine einfache Übung, die dir hilft, gesunde Grenzen zu setzen:

- **Erkenne deine eigenen Grenzen**: Frage dich, in welchen Bereichen deines Lebens du dich überfordert oder ausgenutzt fühlst. Schreibe diese Situationen auf.
- **Formuliere dein Nein**: Übe, dein Nein klar und freundlich zu formulieren. Du kannst sagen: „Ich würde gerne helfen, aber im Moment passt es mir nicht."

Anna beginnt, diese Technik zu üben und merkt, dass es mit jedem Mal einfacher wird, ihre Grenzen zu wahren, ohne das Gefühl zu haben, egoistisch zu sein.

Fazit: Grenzen sind kein Zeichen von Schwäche, sondern von Stärke

Anna lernt, dass das Setzen von Grenzen kein Zeichen von Egoismus ist, sondern eine Form von Selbstrespekt. Indem sie Nein sagt, schützt sie ihre Energie und gibt sich selbst den Raum, sich um ihre eigenen Bedürfnisse zu kümmern. Am Ende dieses Kapitels erkennt Anna, dass es okay ist, nicht immer verfügbar zu sein – und dass das Nein zu anderen oft ein Ja zu sich selbst ist.

Eine Untersuchung von Boundary Management-Experten wie Hall und Richter (1988) zeigt, dass Menschen, die klare persönliche und berufliche Grenzen setzen, weniger unter Stress und Burnout leiden. Diese Fähigkeit schützt die psychische Gesundheit und hilft dabei, emotionale Ressourcen zu bewahren.

Reflexionsfrage:

In welchen Bereichen fällt dir dein Leben schwer, „Nein" zu sagen? Welche positiven Veränderungen könnten sich ergeben, wenn du anfängst, klare Grenzen zu setzen?

Nachdem Anna endlich gelernt hatte, ihre Grenzen zu setzen und „Nein" zu sagen, schien der nächste Schritt logisch: „Sei einfach du selbst!" Aber wie bitte, wenn „du selbst" zu sein bedeutet, ständig zwischen inneren Zweifeln und Klaus' unerschütterlicher Glaube, dass sie ihre „wahre Authentizität" noch nicht gefunden, hin- und hergerissen zu sein hat? Anna dachte, es wäre mal an der Zeit, das Thema genauer zu erkunden

Kapitel 9

„Sei einfach du selbst!" – Der Druck, authentisch zu sein, und warum das nicht immer so einfach ist

Die Ironie hinter „Sei einfach du selbst!"

„Sei einfach du selbst!" – ein Satz, der oft als das ultimative Rezept für ein erfülltes Leben verkauft wird. Egal, ob in Motivationsbüchern, auf Social Media oder sogar bei Bewerbungsgesprächen – der Rat, einfach „authentisch" zu sein, klingt erst mal befreiend. Doch je länger Anna darüber nachdenkt, desto mehr fällt ihr auf, dass dieser Satz nicht so einfach umsetzbar ist, wie er klingt. Was bedeutet es eigentlich, „man selbst zu sein" in einer Welt, die uns ständig sagt, wie wir zu sein haben?

Die Ironie dabei? Der Satz „Sei einfach du selbst" setzt voraus, dass wir genau wissen, wer wir eigentlich sind. Aber die Realität sieht oft anders aus. Zwischen den Erwartungen der Gesellschaft, unseren eigenen Unsicherheiten und den ständigen Vergleichen mit anderen ist es manchmal schwierig, überhaupt herauszufinden, was dieses „Selbst" wirklich bedeutet.

Psychologisches Konzept: Der „authentische Selbst"-Druck

Die Psychologie beschäftigt sich schon lange mit dem Konzept des „authentischen Selbst". Authentizität wird oft als das Streben verstanden, die eigene Identität und die innersten Werte ohne äußeren Druck auszuleben. Doch das Problem ist, dass Authentizität heutzutage fast schon zu einem gesellschaftlichen Imperativ geworden ist. Es wird erwartet, dass wir jederzeit wissen, wer wir sind und wie wir diese Version von uns selbst präsentieren. Diesen Zwang nennt man den „authentischen Selbst"-Druck.

Eine Studie der *Columbia University* aus dem Jahr 2017 zeigt, dass Menschen, die unter dem Druck stehen, „authentisch" zu sein, oft mehr Stress empfinden als diejenigen, die sich von diesem Zwang lösen. Der ständige Druck, immer „ganz man selbst" zu sein, kann dazu führen, dass wir uns selbst überanalysieren und uns ständig fragen, ob wir uns richtig verhalten. Die Forscher fanden heraus, dass Menschen, die versuchen, authentisch zu wirken, oft das Gefühl haben, dass sie eine Rolle spielen – genau das Gegenteil dessen, was Authentizität eigentlich sein sollte.

Anna bemerkt, dass sie sich oft zwischen zwei Extremen hin- und hergerissen fühlt: Entweder versucht sie, den Erwartungen anderer gerecht zu werden, oder sie ist so darauf bedacht, „authentisch" zu sein, dass sie sich selbst unter Druck setzt. Und beides führt letztlich dazu, dass sie sich nicht wirklich frei fühlt.

Authentizität vs. Anpassung: Ein Balanceakt

Ein weiteres Problem, das mit dem „Sei du selbst"-Mantra einhergeht, ist die implizite Botschaft, dass Anpassung schlecht sei. Doch die Realität sieht anders aus: Wir alle passen uns ständig an verschiedene Situationen und Umgebungen an, und das ist auch gut so. Anpassung bedeutet nicht, dass wir unehrlich sind oder unser wahres Selbst verleugnen – es bedeutet, dass wir in der Lage sind, flexibel auf die Anforderungen des Lebens zu reagieren.

Eine im *Journal of Personality and Social Psychology* veröffentlichte Studie fand heraus, dass Menschen, die sich in sozialen Situationen anpassen können, oft glücklicher und erfolgreicher sind. Anpassung ist nicht das Gegenteil von Authentizität – es ist ein Zeichen von sozialer Intelligenz. Es ist eine Fähigkeit, die uns hilft, uns in verschiedenen Umgebungen wohlzufühlen, ohne das Gefühl zu haben, unsere Identität zu opfern.

Für Anna ist diese Erkenntnis befreiend. Sie muss nicht ständig nach einer unveränderlichen Version ihres „wahren Selbst" suchen. Sie darf flexibel sein, sich anpassen und verschiedene

Facetten ihrer Persönlichkeit ausleben, je nachdem, was die Situation erfordert.

Praktischer Tipp: Authentizität als flexible Selbstentdeckung

Anstatt sich ständig zu fragen, ob du „authentisch" genug bist, kannst du lernen, Authentizität als etwas Flexibles zu betrachten. Hier sind ein paar praktische Ansätze, um den Druck zu verringern:

1. **Erlaube dir, dich anzupassen:** Es ist nichts falsch daran, sich in verschiedenen Situationen unterschiedlich zu verhalten. Du kannst in einer Umgebung locker und extrovertiert sein und in einer anderen eher ruhig und introvertiert – beides ist ein Teil deiner Persönlichkeit.
2. **Authentizität ist ein Prozess, kein Endziel:** Du musst nicht jederzeit genau wissen, wer du bist. Authentizität bedeutet, dass du bereit bist, dich selbst immer wieder zu entdecken und neue Aspekte deiner Persönlichkeit zu erkunden. Es ist okay, sich zu verändern.
3. **Lass den Druck los:** Der Versuch, „immer du selbst zu sein", kann mehr Stress erzeugen, als er löst. Gib dir selbst die Erlaubnis, nicht perfekt authentisch zu sein und lerne, flexibel mit deiner Identität umzugehen.

Warum Authentizität auch überbewertet sein kann

Die Vorstellung, dass man ständig „authentisch" sein muss, kann uns in einen Teufelskreis der Selbstüberprüfung führen. Wenn wir uns ständig fragen, ob wir gerade „echt" genug sind, verlieren wir den Kontakt zu dem, was uns wirklich ausmacht. Authentizität sollte nicht bedeuten, dass wir immer genau die gleiche Version von uns selbst präsentieren müssen. Vielmehr sollte es bedeuten, dass wir die Freiheit haben, verschiedene Facetten unserer Persönlichkeit auszuleben, ohne uns dabei schlecht zu fühlen.

Eine weitere Studie der *University of Texas* aus dem Jahr 2019 fand heraus, dass Menschen, die sich zu sehr auf Authentizität fixieren, oft weniger flexibel auf Veränderungen reagieren. Sie neigen dazu, sich in eine starre Vorstellung davon zu verstricken, wer sie sind, und fühlen sich dadurch eingeschränkt. Flexibilität und die Fähigkeit, sich in unterschiedlichen Kontexten anders zu verhalten, ist dagegen eine Stärke, die uns emotional stabiler macht.

Für Anna bedeutet das, dass sie aufhören muss, nach einer festen Definition ihres „wahren Selbst" zu suchen. Sie darf sich verändern, sie darf wachsen, und sie darf sich anpassen, ohne das Gefühl zu haben, dabei an Authentizität zu verlieren.

Fazit: Authentizität ist nicht statisch – sie ist dynamisch

Am Ende lernt Anna, dass Authentizität nicht bedeutet, immer gleich zu sein. Authentisch zu sein heißt nicht, sich einer unveränderlichen Version von sich selbst anzupassen. Vielmehr ist es die Freiheit, sich in unterschiedlichen Situationen so zu zeigen, wie man sich in dem Moment fühlt. Authentizität ist keine starre **„Perfektion ist eine Illusion – Warum der Wunsch nach Perfektion dich nur unglücklich macht"**

Der endlose Kampf um Perfektion

„Sei die beste Version von dir selbst!" – Ein Satz, den Anna in den letzten Jahren nur zu oft gehört hat. Ob auf Social Media, in Motivationsbüchern oder sogar in Alltagsgesprächen – es scheint, als sei der ultimative Lebenssinn, immer und überall perfekt zu sein. Doch je mehr Anna darüber nachdenkt, desto mehr erkennt sie, dass dieser Anspruch sie nicht nur erschöpft, sondern auch unglücklich macht.

Der Druck, in allen Bereichen des Lebens perfekt zu sein – sei es beruflich, privat oder persönlich – führt dazu, dass Anna ständig das Gefühl hat, nicht genug zu sein. Sie setzt sich immer höhere

Ziele, nur um dann frustriert festzustellen, dass sie diese Ziele nicht immer erreichen kann. Der Wunsch nach Perfektion wird zu einer Art Hamsterrad, in dem sie immer weiterläuft, ohne jemals wirklich anzukommen.

Psychologisches Konzept: Perfektionismus und seine Schattenseiten

Perfektionismus mag auf den ersten Blick positiv wirken – schließlich geht es doch darum, nach dem Besten zu streben, oder? Doch die Psychologie zeigt uns, dass Perfektionismus oft mehr Schaden als Nutzen anrichtet. Perfektionisten neigen dazu, unrealistische Erwartungen an sich selbst zu stellen, und sind häufig von Versagensängsten geplagt. Der ständige Drang, perfekt zu sein, führt zu Stress, Selbstzweifeln und – ironischerweise – oft zu einem Gefühl von Unzulänglichkeit.

Eine Studie der *American Psychological Association* aus dem Jahr 2018 zeigt, dass Perfektionismus eng mit einem erhöhten Risiko für Depressionen, Angststörungen und Burnout verbunden ist. Menschen, die sich selbst zu hohe Standards setzen und Angst vor Fehlern haben, geraten oft in einen Teufelskreis von Selbstkritik und Überforderung. Anna erkennt, dass sie selbst viele dieser Muster in ihrem Leben wiedererkennt – sie hat oft das Gefühl, dass alles, was sie tut, nicht gut genug ist.

Warum Perfektion eine Illusion ist

Der Wunsch nach Perfektion ist nicht nur unrealistisch, sondern auch unnatürlich. Kein Mensch ist perfekt, und das Streben nach Perfektion führt oft dazu, dass wir uns von unseren eigentlichen Werten und Zielen entfernen. Anstatt sich darauf zu konzentrieren, was uns wirklich glücklich macht oder uns erfüllt, verlieren wir uns im endlosen Versuch, immer noch besser zu werden – oft ohne einen klaren Grund.

Eine weitere Studie der *University of British Columbia* zeigt, dass Perfektionismus nicht nur unser mentales Wohlbefinden beeinträchtigt, sondern auch unsere Produktivität und Kreativität hemmt. Menschen, die ständig nach Perfektion streben, neigen dazu, sich selbst zu blockieren, weil sie Angst haben, Fehler zu machen. Sie nehmen seltener Risiken in Kauf und zögern oft, neue Projekte oder Ideen in Angriff zu nehmen, aus Angst, nicht perfekt zu sein.

Für Anna bedeutet das, dass es Zeit wird, sich von der Illusion der Perfektion zu verabschieden. Sie beginnt zu verstehen, dass Perfektion nicht nur unerreichbar ist, sondern auch ein Hindernis für Wachstum und Zufriedenheit darstellt.

Praktischer Tipp: Wie du den Perfektionismus loslässt

Das Loslassen des Perfektionismus ist ein Prozess, der Mut erfordert. Hier sind ein paar Schritte, die dir helfen können, dich von der Last der Perfektion zu befreien:

1. **Setze dir erreichbare Ziele**: Anstatt dich auf Perfektion zu konzentrieren, setze dir Ziele, die realistisch und machbar sind. Erlaube dir, Fehler zu machen und unperfekt zu sein – das gehört zum Lernprozess dazu.
2. **Feiere kleine Fortschritte**: Anstatt immer nur das Endergebnis im Blick zu haben, feiere die kleinen Schritte auf dem Weg dorthin. Jeder Fortschritt, egal wie klein, ist ein Schritt in die richtige Richtung.
3. **Übe dich in Selbstmitgefühl**: Perfektionisten neigen dazu, sich selbst zu hart zu verurteilen. Lerne, freundlich zu dir selbst zu sein und dich nicht für jeden kleinen Fehler zu bestrafen.

Warum toxische Positivität Perfektionismus verstärkt

Ein weiterer Aspekt, der Anna klar wird, ist, dass toxische Positivität oft den Perfektionismus verstärkt. Die ständige Betonung auf „du kannst alles erreichen" und „bleib positiv" führt dazu, dass wir glauben, dass alles perfekt sein muss – unser Leben, unsere Arbeit, unsere Beziehungen. Doch diese unrealistischen Erwartungen setzen uns unter Druck und führen dazu, dass wir uns selbst keine Fehler erlauben.

Eine Studie des *Journal of Social Psychology* zeigt, dass Menschen, die sich der toxischen Positivität hingeben, oft eine verzerrte Wahrnehmung von Erfolg und Glück entwickeln. Sie glauben, dass sie nur dann glücklich und erfolgreich sein können, wenn sie perfekt sind. Doch diese Einstellung führt dazu, dass sie sich selbst immer wieder enttäuschen, weil sie unerreichbare Standards an sich selbst setzen.

Anna erkennt, dass sie sich oft von diesen positiven Phrasen leiten ließ und dabei ihre eigenen Bedürfnisse und Grenzen ignoriert hat. Jetzt versteht sie, dass es viel wichtiger ist, authentisch und ehrlich mit sich selbst zu sein – und dass es in Ordnung ist, unperfekt zu sein.

Fazit: Perfektion ist eine Illusion – und das ist befreiend

Am Ende versteht Anna, dass Perfektion nicht das Ziel sein sollte. Sie lernt, dass es in Ordnung ist, Fehler zu machen, unperfekt zu sein und auf dem Weg dorthin zu lernen. Das Loslassen des Perfektionismus befreit sie von dem ständigen Druck, immer besser sein zu müssen – und gibt ihr die Freiheit, einfach sie selbst zu sein.

Die ständige Versuchung des Vergleichs

Anna, wie so viele von uns, ist in eine der ältesten Fallen der Menschheit getappt: den ständigen Vergleich mit anderen. Social Media macht es nicht leichter – perfekte Bilder von glücklichen Menschen, die scheinbar alles erreicht haben, was sie sich wünschen. Anna erwischt sich dabei, wie sie durch ihren Feed scrollt und sich fragt: „Warum habe ich nicht das? Warum sehe ich nicht so aus? Warum ist mein Leben nicht so aufregend?" Doch tief in sich weiß sie: Der Vergleich mit anderen bringt sie keinen Schritt weiter.

Die Psychologie des Vergleichens

Das Bedürfnis, sich mit anderen zu vergleichen, ist tief in der menschlichen Natur verankert. **Leon Festinger (1954)**, der die **Theorie des sozialen Vergleichs** entwickelte, zeigte, dass Menschen sich oft mit anderen vergleichen, um ihre eigenen Fähigkeiten und Erfolge zu bewerten. Doch dieser Vergleich führt selten zu Zufriedenheit. Wenn wir uns ständig mit anderen messen, verlieren wir den Blick für das, was uns wirklich wichtig ist.

Studien wie die von **Vogel et al. (2014)** zeigen, dass der ständige Vergleich, besonders in sozialen Medien, oft zu negativen Emotionen und einem geringeren Selbstwertgefühl führt. Anna erkennt, dass sie aufhören muss, ihren eigenen Weg mit dem anderer zu vergleichen – jeder Mensch hat seine eigene Reise, und kein Weg ist besser oder schlechter als der andere.

Praktischer Tipp: Den Vergleich stoppen

Anna beschließt, den Vergleich mit anderen bewusst zu unterbrechen. Jedes Mal, wenn sie sich dabei ertappt, wie sie sich mit jemand anderem vergleicht, hält sie inne und fragt sich: „Was ist für mich gerade wichtig? Wo möchte ich hin?" Hier sind einige Strategien, die Anna helfen:

- **Achtsamkeit üben**: Jedes Mal, wenn der Vergleich aufkommt, stoppt Anna diesen Gedanken bewusst und richtet ihre Aufmerksamkeit auf sich selbst.
- **Dankbarkeit kultivieren**: Anna beginnt, sich auf das zu konzentrieren, was sie bereits erreicht hat und wofür sie dankbar ist. Sie weiß, dass jeder Mensch seine eigenen Stärken und Herausforderungen hat.

Forscher wie Gross und Thompson (2007) haben gezeigt, dass negative Emotionen Teil einer gesunden emotionalen Regulation sind. Diese Emotionen helfen uns, uns anzupassen und uns auf schwierige Situationen vorzubereiten. Anstatt negative Gefühle zu unterdrücken, sollten wir lernen, sie zu akzeptieren und als Informationsquelle zu nutzen.

Reflexionsfrage:

Wann hast du das letzte Mal versucht, negative Emotionen zu vermeiden? Wie kannst du lernen, diese Emotionen als wertvolle Hinweise auf deine Bedürfnisse und Grenzen zu sehen?

Ikigai und der Vergleich mit anderen

Das japanische Konzept des **Ikigai** erinnert uns daran, dass jeder Mensch seinen eigenen einzigartigen Weg zum Glück hat. Anna erkennt, dass ihr Lebenssinn – ihr Ikigai – nichts mit den Erfolgen oder Misserfolgen anderer Menschen zu tun hat. Sie muss ihren eigenen Weg gehen und sich auf das konzentrieren, was sie erfüllt, anstatt auf das, was andere haben.

Durch das Wiederfinden ihres Ikigai wird Anna klar, dass der Vergleich mit anderen sie von ihrem eigenen Ziel ablenkt. Sie muss sich auf ihren eigenen inneren Kompass verlassen, anstatt ständig nach außen zu schauen.

Neurowissenschaftliche Perspektive: Der Schaden des Vergleichens

Neurowissenschaftliche Studien haben gezeigt, dass das ständige Vergleichen mit anderen unser Gehirn negativ beeinflusst. Untersuchungen von **Gilbert et al. (2009)** belegen, dass das Belohnungssystem im Gehirn durch soziale Vergleiche getriggert wird, aber nicht auf eine positive Weise. Stattdessen führt es oft zu Frustration und Unzufriedenheit, wenn wir das Gefühl haben, nicht „mithalten" zu können.

Für Anna bedeutet das, dass sie lernen muss, sich von dieser Vergleichsfalle zu lösen, um ihr Gehirn zu entlasten und mehr Raum für positives Denken und Selbstakzeptanz zu schaffen.

Fallbeispiel: Der zerstörerische Vergleich

Ein Klient von mir, **Lukas**, verbrachte Jahre damit, sich mit seinen erfolgreichen Kollegen zu vergleichen. Obwohl er beruflich gut vorankam, fühlte er sich nie genug, weil er immer das Gefühl hatte, dass andere besser oder schneller waren. Doch als er begann, seinen eigenen Weg zu schätzen und seine Erfolge unabhängig von den Leistungen anderer zu sehen, stellte er fest, dass er zufriedener und ausgeglichener wurde. Er sagte: „Ich habe aufgehört, in einem Wettrennen zu leben, das niemand je gewinnen kann."

Praktischer Tipp: Fokus auf den eigenen Weg

Anna entwickelt eine Strategie, um sich auf ihren eigenen Weg zu konzentrieren:

- **Tägliche Reflexion**: Anna nimmt sich jeden Abend 10 Minuten Zeit, um über ihre eigenen Erfolge und Herausforderungen nachzudenken, ohne sich mit anderen zu vergleichen.
- **Positive Selbstgespräche**: Sie beginnt, sich selbst freundlich und ermutigend zuzusprechen, anstatt sich auf das zu fokussieren, was sie vermeintlich nicht erreicht hat.

Fazit: Vergleiche loslassen und den eigenen Weg gehen

Anna lernt, dass der ständige Vergleich mit anderen sie nur bremst. Anstatt sich davon ablenken zu lassen, was andere haben oder tun, konzentriert sie sich auf ihren eigenen Weg und ihre eigene Erfüllung. Sie erkennt, dass jeder Mensch seine eigene Reise hat und dass es am wichtigsten ist, den eigenen Weg zu schätzen.

Nachdem Anna verzweifelt versucht hatte, „einfach sie selbst" zu sein, stellte sie fest, dass „sie selbst" manchmal einfach nur erschöpft, genervt oder frustriert ist. Es stellte sich heraus: Einen schlechten Tag zu haben ist vollkommen okay – auch wenn Klaus vermutlich trotzdem auf seinem rosa Einhorn der Positivität angeritten kam, um sie vom Gegenteil zu überzeugen, sie muss bestimmt nur ganz fest daran glauben…

Kapitel 10

„Du musst nur fest daran glauben!" – Wie uns der Glaube an unbegrenzte Möglichkeiten manchmal in die Irre führt

Der Mythos der grenzenlosen Möglichkeiten

„Du musst nur fest daran glauben!" – dieser Satz ist so allgegenwärtig, dass er fast zu einem Mantra unserer modernen Gesellschaft geworden ist. Ob in Filmen, Büchern oder in der Selbsthilfeindustrie – der Glaube daran, dass alles möglich ist, wenn man nur fest genug daran glaubt, wird uns ständig vermittelt. Doch Anna hat begonnen, an diesem Mythos zu zweifeln. Ist wirklich alles möglich, nur weil man daran glaubt? Oder gibt es vielleicht Grenzen, die wir anerkennen müssen?

Es klingt schön, zu glauben, dass wir mit genug Willenskraft und einer positiven Einstellung alles erreichen können. Doch Anna fragt sich, warum dieser Gedanke sie oft mehr frustriert als motiviert. Was ist, wenn der Traum, den sie verfolgt, einfach unrealistisch ist? Heißt das, sie hat nicht genug geglaubt oder nicht hart genug gearbeitet? Oder liegt das Problem vielleicht darin, dass uns dieser Mythos eine falsche Vorstellung davon vermittelt, wie Erfolg wirklich funktioniert?

Psychologisches Konzept: Der „Optimismus-Bias"

Ein wichtiges psychologisches Konzept, das mit dem Glauben an unbegrenzte Möglichkeiten zusammenhängt, ist der sogenannte „Optimismus-Bias". Der Optimismus-Bias beschreibt unsere Tendenz, zu glauben, dass uns im Leben überwiegend positive Dinge widerfahren werden – selbst wenn die Fakten etwas anderes sagen. Studien zeigen, dass Menschen dazu neigen, die Chancen auf Erfolg zu überschätzen und gleichzeitig die Risiken zu unterschätzen.

Eine Studie der *University College London* aus dem Jahr 2011 zeigte, dass Menschen mit einem ausgeprägten Optimismus-Bias oft davon überzeugt sind, dass sie ihre Ziele erreichen werden, unabhängig von den realen Hindernissen, die ihnen im Weg stehen. Dieser Optimismus kann zwar kurzfristig motivierend wirken, aber er führt auch dazu, dass wir Risiken ignorieren und uns selbst überfordern, weil wir uns falsche Vorstellungen davon machen, was wirklich möglich ist.

Anna merkt, dass sie selbst oft dem Optimismus-Bias zum Opfer fällt. Sie plant Projekte und setzt sich Ziele, ohne die realen Herausforderungen zu berücksichtigen – und ist dann enttäuscht, wenn sie nicht alles so leicht erreicht, wie sie es sich vorgestellt hat.

Warum der Glaube allein nicht ausreicht

Der Glaube an unbegrenzte Möglichkeiten kann auch dazu führen, dass wir uns selbst die Schuld geben, wenn Dinge nicht so laufen, wie wir es geplant haben. Es entsteht der Eindruck, dass wir nur nicht fest genug daran geglaubt oder nicht hart genug gearbeitet haben. Doch die Wahrheit ist, dass Erfolg von vielen Faktoren abhängt – und einige davon liegen außerhalb unserer Kontrolle.

Eine Studie des *Harvard Business Review* aus dem Jahr 2018 stellte fest, dass Erfolg oft von einer Kombination aus harter Arbeit, Zufall und dem Zugang zu Ressourcen abhängt. Der Glaube, dass jeder mit genug Willenskraft alles erreichen kann, führt dazu, dass wir die strukturellen und gesellschaftlichen Barrieren übersehen, die viele Menschen davon abhalten, ihre Ziele zu erreichen. Für Anna bedeutet das, sich von der Vorstellung zu lösen, dass es allein an ihrem Glauben liegt, ob sie Erfolg hat oder nicht.

Praktischer Tipp: Realistisches Denken statt Optimismus-Bias

Anstatt zu glauben, dass alles möglich ist, wenn man nur daran glaubt, kann es hilfreich sein, sich auf realistisches Denken zu konzentrieren. Hier sind einige Ansätze, die dir helfen können, den Optimismus-Bias zu überwinden:

1. **Akzeptiere, dass es Grenzen gibt:** Es ist wichtig, deine eigenen Grenzen und die äußeren Umstände anzuerkennen. Das bedeutet nicht, dass du aufhören sollst, an deine Träume zu glauben – aber es hilft dir, realistische Erwartungen zu haben.
2. **Plane für Hindernisse:** Anstatt nur auf den besten Fall zu hoffen, plane auch für mögliche Herausforderungen und Rückschläge. So kannst du besser vorbereitet sein, wenn Dinge nicht nach Plan laufen.
3. **Sei offen für Veränderungen:** Manchmal führen uns unsere ursprünglichen Pläne nicht dorthin, wo wir hinwollen. Es ist in Ordnung, deine Ziele zu überdenken und anzupassen, wenn sich die Umstände ändern.

Warum der Mythos der unbegrenzten Möglichkeiten uns schwächt

Der Glaube, dass wir nur „fest genug" an etwas glauben müssen, um es zu erreichen, kann uns auch schwächen. Denn wenn wir scheitern, geben wir uns selbst die Schuld, anstatt die äußeren Faktoren zu berücksichtigen, die vielleicht außerhalb unserer Kontrolle liegen. Es kann leicht passieren, dass wir uns in Selbstvorwürfen verlieren, weil uns suggeriert wurde, dass Erfolg nur eine Frage des Glaubens und der Anstrengung ist. Eine Studie der *American Psychological Association* aus dem Jahr 2020 zeigt, dass Menschen, die das Gefühl haben, ihr Leben völlig in der Hand zu haben, oft ein erhöhtes Risiko für Burnout haben. Denn wenn der Erfolg nicht eintritt, führt das zu intensiver Selbstkritik und dem Gefühl, versagt zu haben. Anna erkennt, dass es wichtig ist, sich von diesem Denken zu befreien und zu akzeptieren, dass Erfolg nicht nur von ihr selbst abhängt, sondern von einer Vielzahl von Faktoren.

Fazit: Glaube allein reicht nicht – es braucht mehr

Am Ende versteht Anna, dass der Glaube an unbegrenzte Möglichkeiten zwar inspirierend sein kann, aber nicht immer realistisch ist. Es braucht mehr als nur Glauben – es braucht harte Arbeit, die Fähigkeit, auf Rückschläge zu reagieren, und manchmal auch einfach Glück. Anstatt sich von dem Mythos leiten zu lassen, dass alles möglich ist, wenn man nur genug daran glaubt, entscheidet sich Anna, ihre Träume realistisch zu planen und gleichzeitig offen für Veränderungen zu bleiben.

Forscher wie Carver und Scheier (2010) haben herausgefunden, dass realistischer Optimismus ein stärkerer Resilienzfaktor ist. Menschen, die positiv bleiben, aber auch die Realität anerkennen, haben eine größere psychische Widerstandskraft und sind besser in der Lage, Rückschläge zu bewältigen, weil sie sowohl ihre Stärken als auch ihre Schwächen realistisch einschätzen.

Reflexionsfrage:

Wie kannst du Optimismus in deinem Leben praktizieren, ohne die Realität zu ignorieren? Wo könntest du realistische Zuversicht anstelle von blindem Optimismus anwenden?

Nachdem Anna akzeptiert hatte, dass schlechte Tage zum Leben dazugehören, war der nächste Schritt klar: Loslassen! Aber was lässt man eigentlich los – vor allem, wenn Klaus weiterhin wie ein wandelndes Mantra durch das Büro glaubt und ständig predigte, dass es ja immer eine Lösung gibt? Vielleicht könnte sie ja auch einfach Klaus loslassen... zumindest gedanklich.

Kapitel 11

Leistung – Warum du nicht alles schaffen musst und das völlig in Ordnung ist

Der Druck, alles erreichen zu müssen

Nachdem Anna das Konzept des „Alles-ist-möglich"-Mythos hinterfragt hat, beginnt sie, sich mit einem weiteren Thema auseinanderzusetzen: dem Druck, immer und überall erfolgreich sein zu müssen. Die Vorstellung, dass man nur fest genug glauben muss, um alles zu erreichen, erzeugt nicht nur falsche Hoffnungen, sondern auch einen enormen Druck, immer weiterzumachen, auch wenn man längst erschöpft ist.

Anna erinnert sich an all die Momente, in denen sie das Gefühl hatte, nicht genug zu sein. Nicht genug zu tun. Sie glaubt, sie müsse stets an vorderster Front stehen, immer neue Ziele setzen, immer weiterarbeiten – schließlich hat man ihr doch gesagt, dass „alles möglich ist". Doch mit der Zeit hat sie das Gefühl, dass dieser Druck ihr mehr schadet, als dass er sie antreibt. Statt sich frei und inspiriert zu fühlen, fühlt sie sich gefangen in einem endlosen Hamsterrad der Erwartungen.

Psychologisches Konzept: Selbstwert durch Leistung

Ein weiterer Aspekt, der in diesem Kontext eine Rolle spielt, ist das psychologische Konzept des „Selbstwerts durch Leistung". Viele von uns neigen dazu, unseren Selbstwert an unsere Leistungen zu knüpfen. Wir glauben, dass unser Wert als Mensch davon abhängt, wie viel wir erreichen, wie erfolgreich wir sind oder wie produktiv wir unser Leben gestalten. Dieses Denken wird oft durch die Idee verstärkt, dass alles möglich ist – wenn du nur hart genug arbeitest, solltest du erfolgreich sein. Aber was passiert, wenn das nicht der Fall ist?

Eine Studie der *University of Michigan* aus dem Jahr 2015 zeigt, dass Menschen, die ihren Selbstwert stark an ihre beruflichen oder persönlichen Erfolge knüpfen, oft anfälliger für Depressionen und Burnout sind. Denn wenn sie ihre Ziele nicht erreichen, stürzen sie in Selbstzweifel und fühlen sich wertlos. Der ständige Druck, immer mehr zu leisten, führt dazu, dass sie ihre eigenen Bedürfnisse vernachlässigen und ihre Grenzen nicht mehr erkennen.

Anna erkennt, dass sie selbst lange Zeit in dieser Falle gefangen war. Sie dachte, dass sie nur dann etwas wert sei, wenn sie ständig neue Erfolge vorweisen konnte. Doch jetzt beginnt sie zu verstehen, dass dieser Ansatz auf Dauer nicht nachhaltig ist – und dass es in Ordnung ist, sich selbst Grenzen zu setzen.

Warum es okay ist, nicht alles zu schaffen

Das Konzept der „Selbstbegrenzung" ist oft negativ behaftet. Es klingt nach Aufgeben, nach Scheitern. Doch in Wahrheit ist die Fähigkeit, sich selbst Grenzen zu setzen, ein Zeichen emotionaler Intelligenz und Selbstfürsorge. Grenzen sind keine Hindernisse, sondern Schutzmechanismen, die uns davor bewahren, uns zu überfordern und auszubrennen.

Eine im *Journal of Occupational Health Psychology* veröffentlichte Studie aus dem Jahr 2019 fand heraus, dass Menschen, die klare Grenzen für ihre Arbeitsbelastung und ihre persönlichen Ziele setzen, langfristig gesünder und glücklicher sind. Sie erleben weniger Stress und sind weniger anfällig für emotionale Erschöpfung. Grenzen zu setzen bedeutet nicht, weniger ehrgeizig zu sein – es bedeutet, sich realistische Ziele zu setzen und auf sich selbst zu achten.

Für Anna ist diese Erkenntnis ein Wendepunkt. Sie versteht nun, dass es nicht darum geht, immer alles zu schaffen oder jedem Ziel nachzujagen. Es ist in Ordnung, auch mal „Nein" zu sagen – zu sich selbst und zu den Erwartungen, die andere an sie stellen.

Praktischer Tipp: Wie du gesunde Grenzen setzt

Das Setzen von Grenzen ist ein Akt der Selbstfürsorge, der dir hilft, deine Energie und dein Wohlbefinden zu schützen. Hier sind ein paar Ansätze, wie du gesunde Grenzen in deinem Leben etablieren kannst:

1. **Erkenne deine eigenen Bedürfnisse**: Finde heraus, was dir guttut und was dich erschöpft. Setze klare Grenzen, um dich vor Überlastung zu schützen, und achte auf deine körperlichen und emotionalen Bedürfnisse.
2. **Sag „Nein" ohne schlechtes Gewissen**: Es ist in Ordnung, nicht jede Herausforderung oder Aufgabe anzunehmen. Lerne, „Nein" zu sagen, wenn du merkst, dass etwas zu viel für dich ist. Du musst niemandem etwas beweisen.
3. **Setze dir realistische Ziele**: Anstatt dich selbst mit zu vielen großen Zielen zu überfordern, konzentriere dich auf das, was für dich machbar und gesund ist. Kleine, erreichbare Schritte sind oft nachhaltiger als überzogene Erwartungen.

Die Befreiung, nicht alles schaffen zu müssen

Anna fühlt sich das erste Mal seit Langem befreit. Die Erkenntnis, dass sie nicht alles schaffen muss, um wertvoll zu sein, gibt ihr die Erlaubnis, sich selbst Priorität zu setzen. Sie merkt, dass der ständige Druck, erfolgreich zu sein, nur zu mehr Stress und Selbstzweifeln geführt hat. Indem sie sich selbst erlaubt, auch mal langsamer zu machen und ihre Grenzen anzuerkennen, gewinnt sie neue Kraft und Klarheit.

Eine weitere Studie der *Stanford University* zeigt, dass Menschen, die sich regelmäßige Pausen und Freiräume gönnen, produktiver und kreativer sind als diejenigen, die ständig unter Hochdruck arbeiten. Diese Pausen ermöglichen es, neue Perspektiven zu gewinnen und den Kopf freizubekommen. Anna entscheidet sich, diese

Erkenntnisse in ihr Leben zu integrieren – nicht als Rückschritt, sondern als bewusste Entscheidung, auf sich selbst zu achten.

Fazit: Du musst nicht alles schaffen – und das ist gut so

Am Ende versteht Anna, dass es kein Zeichen von Schwäche ist, sich selbst Grenzen zu setzen. Im Gegenteil: Grenzen sind der Schlüssel zu einem gesunden, ausgeglichenen Leben. Sie geben uns die Möglichkeit, Prioritäten zu setzen, unsere Energie zu bewahren und uns selbst zu schützen. Anna hat gelernt, dass es in Ordnung ist, nicht immer alles zu schaffen – und dass sie trotzdem wertvoll und erfolgreich ist.

Das Realitäts-Schock-Ende für Klaus

Während Anna allmählich lernte, sich auf realistischen Optimismus zu verlassen und ihre eigenen Grenzen zu respektieren, taumelte Klaus weiterhin durch das Leben wie ein motivierender Tornado. Doch eines Tages kam der Tag der Abrechnung – im wahrsten Sinne des Wortes.

Bei einem besonders wichtigen Projekt stellte sich heraus, dass Klaus – statt sich auf die wichtigen Details zu konzentrieren – seine Zeit lieber damit verbracht hatte, positive Affirmationen zu üben und Vision-Boards zu basteln. Als das Projekt am Ende scheiterte, stand Klaus mit einem verwirrten Blick vor dem Team.

„Aber... aber... ich habe doch immer positiv gedacht! Warum hat das Universum mich im Stich gelassen?"

Anna klopfte ihm freundlich auf die Schulter. „Klaus, das Universum ist ein bisschen wie ein schlechter Lieferdienst – es liefert nicht immer das, was du bestellt hast. Manchmal musst du eben selbst nach dem richtigen Rezept schauen."

Klaus starrte auf seine Affirmationen und dann auf die Zahlen, die sich nicht von seinem Optimismus beeindrucken ließen. „Aber ich... ich dachte, alles wird gut, wenn man nur daran glaubt..." Anna lächelte mild. „Ja, und ich dachte, mein Drucker würde irgendwann wieder funktionieren. Willkommen in der Realität."

Nachdem Anna endlich akzeptiert hatte, dass sie nicht alles schaffen musste, stellte sich die nächste große Frage: Wenn sie nicht alles schaffen musste, wie sollte sie dann das ultimative Ziel – das Glücklichsein – erreichen? Klaus hätte wahrscheinlich geantwortet: „Ganz einfach! Plan es einfach!" Aber Anna wusste inzwischen, dass man Glück nicht in den Kalender eintragen kann wie einen Zahnarzttermin. Es war Zeit, herauszufinden, warum glücklich sein nicht nach Plan läuft – und was das Ganze mit loslassen zu tun hat.

Kapitel 12

Glücklichsein ist nicht planbar – Warum wahres Glück oft unerwartet kommt

Das unerwartete Glück

Anna hat sich in den letzten Kapiteln viel mit den Themen Selbstfürsorge, Grenzen setzen und emotionaler Agilität beschäftigt. Doch jetzt stellt sich eine zentrale Frage: Kann man Glück überhaupt planen? In einer Welt, in der jeder ständig auf der Suche nach Glück zu sein scheint, wird oft vergessen, dass wahres Glück oft dann kommt, wenn wir es am wenigsten erwarten.

Anna sitzt auf ihrer Couch, mit einer Tasse Tee in der Hand, und fragt sich: „Kann man wirklich einen Plan machen, um glücklich zu sein?" Die Antwort ist überraschend simpel: Nein, das kann man nicht. Glück lässt sich nicht erzwingen oder herbeiplanen – es ist ein Nebenprodukt davon, wie wir unser Leben leben.

Die Psychologie des unerwarteten Glücks

Die Forschung zeigt, dass Glück oft nicht das Ergebnis von Zielsetzung oder Planung ist, sondern aus unerwarteten Momenten entsteht. Eine Studie von **Gilbert und Wilson (2000)** zeigte, dass Menschen schlecht darin sind, vorherzusagen, was sie glücklich macht. Diese sogenannte **affektive Vorhersage** führt oft zu Fehleinschätzungen darüber, wie sehr uns bestimmte Ereignisse oder Ziele tatsächlich glücklich machen.

Psychologen wie **Sonja Lyubomirsky** betonen, dass Glück viel mehr von unserem täglichen Verhalten und unseren sozialen Verbindungen abhängt als von dem Erreichen großer Lebensziele. Das bedeutet, dass wir unser Glück eher in den kleinen, unscheinbaren Momenten finden, als in großen, geplanten Ereignissen.

Anna erkennt, dass sie das Glück nicht jagen muss – es wird von selbst kommen, wenn sie sich auf das konzentriert, was sie erfüllt.

Praktischer Tipp: Glück im Alltag finden

Ein Weg, das unerwartete Glück zu fördern, besteht darin, sich auf kleine Momente der Freude zu konzentrieren. Hier sind einige Übungen, die Anna verwendet, um ihr Glück im Alltag zu entdecken:

- **Achtsamkeit im Moment**: Anstatt ständig nach dem nächsten großen Ereignis zu suchen, kann Anna lernen, die kleinen Dinge zu schätzen – den Duft ihres Morgenkaffees, das Lächeln eines Freundes oder die Ruhe eines sonnigen Nachmittags.
- **Dankbarkeit praktizieren**: Studien von **Emmons und McCullough (2003)** zeigen, dass Menschen, die regelmäßig Dankbarkeit praktizieren, langfristig glücklicher sind. Anna könnte jeden Tag drei Dinge aufschreiben, für die sie dankbar ist, um ihr Glücksempfinden zu stärken.

Ikigai und das unerwartete Glück

Auch Ikigai spielt in diesem Kapitel eine Rolle. Anna erinnert sich daran, dass wahres Glück oft aus der Erfüllung und dem Sinn kommt, den sie in ihrem Alltag findet. Anstatt zu versuchen, Glück zu planen, konzentriert sie sich darauf, ihrem **Ikigai** zu folgen – der Balance zwischen dem, was sie liebt, wofür sie talentiert ist und was sie der Welt geben kann.

Das bedeutet, dass Anna sich nicht auf das Erreichen bestimmter Ziele fokussiert, sondern auf den Weg, den sie täglich geht. Indem sie ihre Freude in den kleinen Momenten findet, anstatt dem großen „Glücksplan" nachzujagen, lebt sie authentischer und erfüllter.

Fallbeispiel: Das unerwartete Glück eines Klienten

Ein Klient von mir, **Michael**, war überzeugt, dass er nur glücklich sein könnte, wenn er endlich die große Beförderung bekommen würde, die er sich seit Jahren wünschte. Doch als die Beförderung kam, war das Gefühl von Glück nur von kurzer Dauer. Michael erkannte, dass das Glück nicht im Erreichen großer Ziele liegt, sondern in den alltäglichen Erfahrungen.

Durch achtsame Praktiken und das Schätzen kleiner Momente lernte Michael, dass wahres Glück oft dann kommt, wenn man aufhört, es zu jagen, und stattdessen im Moment lebt. Er fand Erfüllung in der Zeit mit seiner Familie, in kleinen Erfolgen und in der Ruhe, die er sich selbst schenkte.

Praktischer Tipp: Hör auf, das Glück zu jagen

Hier sind einige Gedanken, die Anna für sich entwickelt hat, um dem Glück Raum zu geben:

- **Erkenne die Schönheit des Moments**: Sei im Moment präsent, ohne ständig nach dem nächsten großen Ereignis zu suchen.
- **Pflege deine sozialen Verbindungen**: Studien zeigen, dass soziale Verbindungen eine der stärksten Prädiktoren für Glück sind. Verbringe Zeit mit Menschen, die dir wichtig sind.
- **Lass das Glück zu dir kommen**: Anstatt Glück zu erzwingen, erlaube dir, es in den unerwarteten Momenten zu finden.

Fazit: Wahres Glück kann man nicht planen

Anna lernt, dass wahres Glück nicht durch Planung entsteht. Es ist das Nebenprodukt eines Lebens, das sich auf authentische Verbindungen, kleine Freuden und das Leben im Moment konzentriert.

Glück kommt oft dann, wenn man es am wenigsten erwartet – und das ist das wahre Geschenk.

Nachdem Anna erkannt hatte, dass das Glück sich einfach nicht in ihren Planer einfügen ließ, stellte sie sich die nächste Herausforderung: Muss sie eigentlich ständig positiv bleiben, egal was passiert? Schließlich hatte Klaus stets ein Lächeln auf den Lippen – und Anna ahnte, dass er es sogar im Schlaf trug. Doch sie begann zu zweifeln: Vielleicht ist es gar nicht so gesund, immer so zu tun, als wäre alles Sonnenschein. Es war Zeit, herauszufinden, ob das ständige „Positiv bleiben" wirklich die beste Strategie ist – oder ob es manchmal gesünder wäre, einfach mal alles nicht so rosig zu sehen.

Kapitel 13

Positiv bleiben um jeden Preis? – Warum es manchmal gesünder ist, loszulassen

Die gefährliche Verpflichtung zur Positivität

„Bleib positiv!" – eine Floskel, die Anna schon so oft gehört hat, dass sie sie fast schon aus Reflex ignoriert. Egal, ob es bei der Arbeit stressig wird oder in ihrem Privatleben etwas schiefgeht – irgendjemand erinnert sie immer daran, wie wichtig es ist, positiv zu bleiben. Doch je mehr Anna darüber nachdenkt, desto mehr fällt ihr auf, dass dieser ständige Zwang zur Positivität nicht nur anstrengend, sondern auch ungesund ist.

Es ist, als ob Negativität im Leben keinen Platz mehr hätte. Traurigkeit, Wut oder Frustration scheinen plötzlich Gefühle zu sein, die es um jeden Preis zu vermeiden gilt. Doch Anna fragt sich: Was passiert, wenn wir uns selbst zwingen, immer positiv zu bleiben? Was, wenn wir nie die Gelegenheit haben, echte, negative Gefühle zu durchleben und zu verarbeiten? Die Antwort liegt auf der Hand: Wir unterdrücken unsere wahren Emotionen – und das kann auf lange Sicht schädlich sein.

Verletzlichkeit als neue Stärke

Nachdem Anna erkannt hatte, dass Perfektionismus nicht die Lösung war, begann sie, etwas völlig Neues zuzulassen: Verletzlichkeit. Es fühlte sich an, als würde sie sich zum ersten Mal in ihrem Leben erlauben, ehrlich zu sich selbst zu sein. Doch Klaus hatte natürlich andere Pläne.

„Weißt du, Anna", begann er, während sie gerade versuchte, ihre Gedanken über ein schwieriges Projekt zu ordnen, „wahre Stärke kommt davon, immer positiv zu sein. Verletzlichkeit? Das ist doch nur eine Ausrede!"

Anna legte ihren Stift neben und betrachtete Klaus ausdruckslos. „Verletzlichkeit ist auch eine Ausrede? Danke für den Hinweis, Klaus. Vielleicht sollte ich dann einfach weiter alles unterdrücken, bis mein Kopf irgendwann explodiert....

Psychologisches Konzept: Emotionale Verdrängung

Ein wichtiger Aspekt, der hier ins Spiel kommt, ist das Konzept der „emotionalen Verdrängung". Wenn wir uns selbst zwingen, immer positiv zu bleiben, anstatt unsere negativen Emotionen zuzulassen, unterdrücken wir diese Gefühle, anstatt sie zu verarbeiten. Das Problem dabei ist, dass unterdrückte Emotionen nicht einfach verschwinden – sie bauen sich unter der Oberfläche auf und können später in Form von Stress, Angst oder sogar körperlichen Symptomen wieder auftauchen.

Eine Studie der *Harvard Medical School* aus dem Jahr 2017 zeigt, dass Menschen, die ihre negativen Gefühle dauerhaft unterdrücken, häufiger unter chronischem Stress und psychosomatischen Beschwerden leiden. Die Forscher fanden heraus, dass der Zwang, immer positiv zu bleiben, zu einem inneren Ungleichgewicht führt, das den Körper und den Geist belastet. Anna erkennt, dass sie sich in der Vergangenheit oft genau diesem Zwang hingegeben hat – und dass es an der Zeit ist, das zu ändern.

Warum es manchmal gesünder ist, loszulassen

Loslassen ist oft mit einer gewissen Angst verbunden. Es fühlt sich an, als ob man Kontrolle verliert, als ob man aufgibt. Doch in Wahrheit kann das Loslassen der erste Schritt in Richtung emotionaler Freiheit sein. Anstatt sich immer zu zwingen, positiv zu bleiben und an jeder Situation festzuhalten, ist es manchmal gesünder, sich einzugestehen, dass es okay ist, auch mal loszulassen – von Erwartungen, von Menschen oder von Situationen, die einem nicht guttun.

Ein weiteres psychologisches Konzept, das in diesem Zusammenhang eine Rolle spielt, ist die „Akzeptanz der Ungewissheit". Menschen neigen dazu, Sicherheit und Kontrolle im Leben zu suchen – das Gefühl, dass alles in festen Bahnen verläuft. Doch das Leben ist oft unvorhersehbar, und der Versuch, alles unter Kontrolle zu behalten, kann uns emotional auslaugen. Stattdessen kann das Loslassen und die Akzeptanz der Ungewissheit zu einem Gefühl der inneren Ruhe führen.

Eine Studie der *University of Cambridge* fand heraus, dass Menschen, die in der Lage sind, Unsicherheiten zu akzeptieren und loszulassen, tendenziell resilienter und emotional stabiler sind. Sie haben weniger Angst vor dem Unbekannten und lernen, mit Veränderungen flexibler umzugehen. Für Anna bedeutet das, dass sie lernen muss, nicht immer alles zu kontrollieren – und dass es okay ist, negative Gefühle zu akzeptieren, ohne sie sofort wegzuwischen.

Praktischer Tipp: Wie du lernst, loszulassen

Das Loslassen von negativen Gedanken und dem Zwang zur Positivität kann ein befreiender Prozess sein. Hier ein paar Schritte, die dir dabei helfen können:

1. **Akzeptiere deine negativen Gefühle**: Anstatt sofort nach einem positiven Ausweg zu suchen, gib dir die Erlaubnis, negative Gefühle zuzulassen und zu durchleben. Du musst nicht immer sofort eine Lösung finden – es reicht, deine Emotionen anzunehmen.
2. **Erkenne, wann es Zeit ist, loszulassen**: Manche Situationen oder Erwartungen können uns belasten, weil wir sie krampfhaft festhalten. Frage dich: „Hilft mir das Festhalten, oder erschöpft es mich nur?" Wenn du merkst, dass etwas dich mehr stresst, als es dir nützt, ist es vielleicht Zeit, loszulassen.

3. **Lerne, die Kontrolle aufzugeben**: Es ist unmöglich, alles im Leben zu kontrollieren. Indem du akzeptierst, dass das Leben unsicher ist und sich nicht immer planen lässt, kannst du inneren Frieden finden und dich von unnötigem Stress befreien.

Warum toxische Positivität dich daran hindert, echte Stärke zu finden

Die ständige Verpflichtung, positiv zu bleiben, hindert uns oft daran, unsere wahre emotionale Stärke zu entdecken. Denn wahre Stärke zeigt sich nicht darin, immer positiv zu sein, sondern darin, sich seinen Gefühlen zu stellen – auch den unangenehmen. Wenn wir lernen, unsere negativen Emotionen anzunehmen und durch sie hindurchzugehen, anstatt sie zu ignorieren, werden wir emotional widerstandsfähiger.

Eine weitere Studie, die im *Journal of Personality and Social Psychology* veröffentlicht wurde, zeigte, dass Menschen, die sich ihren negativen Emotionen stellen, langfristig emotional stabiler und glücklicher sind als diejenigen, die versuchen, immer positiv zu bleiben. Sie entwickeln eine höhere Resilienz und sind besser in der Lage, mit Rückschlägen und Herausforderungen umzugehen.

Für Anna ist dies eine befreiende Erkenntnis. Sie versteht nun, dass wahre Stärke nicht darin besteht, ihre negativen Gefühle zu verdrängen, sondern darin, sie zu akzeptieren und durch sie hindurchzugehen.

Fazit: Positiv zu bleiben ist nicht immer der beste Weg – manchmal ist es gesünder, loszulassen

Am Ende begreift Anna, dass sie nicht immer positiv bleiben muss, um stark zu sein. Es ist okay, negative Gefühle zuzulassen und sich selbst die Erlaubnis zu geben, loszulassen – von Erwartungen, von Situationen, die ihr nicht guttun, und von dem Zwang, immer die Kontrolle zu haben. Sie lernt, dass wahre emotionale Stärke darin besteht, sich seinen Gefühlen zu stellen und zu akzeptieren, dass das Leben manchmal unsicher und unkontrollierbar ist.

Nachdem Anna sich von der Idee verabschiedet hatte, immer zwanghaft positiv sein müssen, stellte sie fest, dass es noch eine weitere Herausforderung gab: Geduld. Klaus, der in jeder Krise stets ein Lächeln auf Lager hatte, schien auch die Ruhe selbst zu sein, wenn er von „dem Prozess" sprach, dem man vertrauen solle. Doch Anna fragte sich: Was ist dieser ominöse „Prozess", und warum scheint es bei ihr ewig zu dauern, bis irgendetwas davon zu spüren ist? Es war an der Zeit, herauszufinden, wie man lernt, dem Prozess zu vertrauen – selbst wenn es manchmal so aussieht, als würde der Prozess eine Kaffeepause machen.

Kapitel 14

„Vertraue dem Prozess" – Warum Wachstum Zeit braucht

Die Geduld des Wachstums

Anna ist nicht von der Sorte Mensch, die gerne auf Ergebnisse wartet. Sie ist es gewohnt, dass alles schnell geht – von der Lieferung ihrer Online-Bestellung bis hin zu beruflichen Erfolgen. Doch im emotionalen Wachstum gibt es keine Expresslieferung. Hier braucht es Geduld, Zeit und den Willen, sich mit sich selbst auseinanderzusetzen.

„Warum dauert das so lange?" fragt sich Anna, als sie bemerkt, dass ihr Fortschritt langsamer ist, als sie es sich vorgestellt hat. Doch dann wird ihr klar: Emotionale Heilung und persönliches Wachstum sind keine Ziele, die man einfach abhakt. Sie sind ein Prozess – und dieser Prozess ist wertvoll.

Die Psychologie des Wachstums

In der Psychologie wird oft betont, dass persönliches Wachstum Zeit braucht. **Carol Dweck (2006)**, die für ihre Arbeiten zur **Growth Mindset-Theorie** bekannt ist, erklärt, dass Menschen mit einem Wachstumsdenken davon überzeugt sind, dass Fähigkeiten und Intelligenz durch Anstrengung und Lernen entwickelt werden können. Dieses Mindset fördert nicht nur die Bereitschaft zu wachsen, sondern auch die Geduld, den Prozess zu akzeptieren.

Studien zeigen, dass Menschen, die ein Wachstumsmindset haben, besser mit Rückschlägen umgehen und langfristig erfolgreicher sind, weil sie den Wert des Lernprozesses schätzen. Anna lernt, dass Geduld und Beharrlichkeit Schlüssel zum Erfolg sind – nicht die schnelle Lösung.

Praktischer Tipp: Geduld üben und dem Prozess vertrauen

Es kann schwierig sein, Geduld zu üben, besonders in einer Welt, die uns auf sofortige Ergebnisse konditioniert hat. Hier sind einige Strategien, die Anna helfen, Geduld im Wachstumsprozess zu entwickeln:

- **Setze dir kleine Ziele**: Anstatt auf das große Endziel zu fokussieren, feiere die kleinen Fortschritte auf dem Weg. Jeder Schritt zählt.
- **Sei geduldig mit dir selbst**: Gib dir selbst die Erlaubnis, Zeit zu brauchen. Wachstum passiert nicht über Nacht.

Ikigai und der Prozess des Wachstums

Hier könnte Anna erneut auf das Konzept des **Ikigai** zurückgreifen. Das Finden eines Lebenssinns und das Streben nach Erfüllung ist kein Ziel, das man schnell erreicht. Es ist ein Prozess, der sich über Jahre, wenn nicht ein ganzes Leben hinweg entwickelt.

Ikigai lehrt uns, dass wir jeden Tag in kleinen Schritten wachsen und dass es nicht das Endziel ist, das zählt, sondern die tägliche Hingabe an das, was uns Freude und Sinn gibt. Anna beginnt zu verstehen, dass ihr Weg zu einem sinnerfüllten Leben nicht in Eile gegangen werden kann – und dass das völlig in Ordnung ist.

Neurowissenschaftliche Perspektive: Warum Wachstum Zeit braucht

Neurowissenschaftlich gesehen erklärt die **Neuroplastizität** des Gehirns, warum Wachstum ein langsamer Prozess ist. Unser Gehirn bildet kontinuierlich neue Verbindungen, aber dieser Prozess braucht Zeit und Wiederholung. Eine Studie von **Draganski et al. (2004)** zeigte, dass es Wochen oder sogar Monate dauert, bis neue Fähigkeiten und Gewohnheiten sich im Gehirn verfestigen.

Für Anna bedeutet das, dass sie sich selbst Zeit geben muss, um neue Denk- und Verhaltensmuster zu entwickeln. Das Gehirn passt sich zwar an, aber nicht von heute auf morgen.

Fallbeispiel: Das langsame, aber stetige Wachstum

Ein Klient von mir, **Thomas**, war frustriert über die langsamen Fortschritte in seiner Therapie. Er hatte erwartet, dass sich seine Ängste und Unsicherheiten schnell auflösen würden. Doch als er begann, den Prozess des Wachstums zu akzeptieren und sich auf die kleinen Fortschritte zu konzentrieren, merkte er, dass seine Veränderungen tiefer und nachhaltiger wurden.

Thomas lernte, dass echtes Wachstum Zeit braucht – und dass die Geduld, die er aufbrachte, ihm half, langfristig stabiler zu werden. „Ich habe verstanden, dass es nicht um Geschwindigkeit geht, sondern um Tiefe," sagte er.

Praktischer Tipp: Wie du dem Prozess vertraust

Hier sind einige Übungen, die Anna anwendet, um dem Wachstumsprozess zu vertrauen:

- **Feiere kleine Erfolge**: Erkenne jeden Fortschritt an, egal wie klein er ist. Dies hilft dir, motiviert zu bleiben.
- **Lass den Druck los**: Gib dir selbst die Erlaubnis, langsamer zu wachsen. Schnelligkeit ist kein Maßstab für Erfolg.

Fazit: Wachstum ist ein Prozess, kein Ziel

Anna lernt, dass echtes Wachstum Zeit braucht. Anstatt sich von der Geschwindigkeit des Prozesses entmutigen zu lassen, erkennt sie, dass jeder kleine Fortschritt wertvoll ist. Wachstum ist kein Sprint – es ist ein Marathon, und jeder Schritt bringt sie näher zu einem authentischen und sinnerfüllten Leben.

Nachdem Anna beschlossen hatte, dem Prozess zu vertrauen, auch wenn dieser gelegentlich wie ein stotternder Motorlief, kam die nächste große Lektion: Loslassen. Klaus würde sicher sagen, dass Loslassen bedeutet, einfach auf den Fluss des Lebens zu vertrauen – während er dabei wie immer tiefenentspannt aussah. Aber Anna fragte sich: Wie lässt man eigentlich los, wenn einem ständig das Bedürfnis in den Ohren liegt, alles unter Kontrolle zu behalten? Es wurde Zeit herauszufinden, wie man das Loslassen meistert, ohne das Gefühl zu haben, ins Bodenlose zu fallen.

Kapitel 15

Loslassen lernen – Wie du die Angst vor dem Scheitern überwindest

Die ständige Angst vor dem Scheitern

„Was, wenn ich scheitere?" Diese Frage verfolgt Anna schon lange. Immer wieder hat sie sich dabei ertappt, wie sie sich Sorgen darüber machte, nicht erfolgreich genug zu sein, falsche Entscheidungen zu treffen oder Erwartungen nicht zu erfüllen. Der Gedanke, dass Scheitern gleichbedeutend mit Versagen sei, hat sie oft davon abgehalten, neue Dinge auszuprobieren oder Risiken einzugehen. Doch nach all den Erkenntnissen über toxische Positivität und das Loslassen fragt sich Anna: Ist Scheitern wirklich so schlimm, wie sie immer gedacht hat?

In unserer Gesellschaft wird Erfolg häufig als das ultimative Ziel dargestellt. Doch was dabei oft übersehen wird, ist, dass Scheitern nicht das Gegenteil von Erfolg ist – es ist Teil des Prozesses. Anna beginnt zu verstehen, dass das ständige Festhalten am Erfolgsideal ihr nicht nur Stress, sondern auch Angst vor dem Scheitern eingebracht hat. Und das Loslassen dieser Angst könnte der Schlüssel zu echter Freiheit sein.

Psychologisches Konzept: „Failing Forward"

Das Konzept des „Failing Forward", das von vielen Coaches und Psychologen propagiert wird, beschreibt die Fähigkeit, aus Misserfolgen zu lernen und sie als Teil des Wachstumsprozesses zu betrachten. Anstatt Scheitern als Endpunkt zu sehen, wird es als wertvolle Erfahrung betrachtet, die uns lehrt, was nicht funktioniert, und uns gleichzeitig die Chance gibt, es beim nächsten Mal besser zu machen.

Eine Studie der *Stanford University* zeigt, dass Menschen, die Misserfolge als Lernchancen betrachten, langfristig erfolgreicher und emotional ausgeglichener sind. Sie haben weniger Angst vor Risiken, weil sie Scheitern nicht als persönlichen Makel sehen, sondern als natürlichen Teil des Lernens und Wachsens. Anna erkennt, dass sie ihr Scheitern bisher immer als etwas Endgültiges gesehen hat, das es zu vermeiden gilt – dabei könnte es gerade das Scheitern sein, das sie weiterbringt.

Warum das Loslassen der Angst vor dem Scheitern dich befreit

Der ständige Druck, alles perfekt machen zu müssen, kann uns emotional blockieren. Wenn wir uns zu sehr auf den Gedanken fixieren, dass Scheitern etwas Negatives ist, hemmt uns das in unserer Kreativität und in unserem Wachstum. Doch was wäre, wenn wir stattdessen lernen, die Angst vor dem Scheitern loszulassen und das Risiko als Chance zu sehen?

Eine weitere Studie, die im *Journal of Experimental Psychology* veröffentlicht wurde, zeigt, dass Menschen, die sich weniger vor dem Scheitern fürchten, mutigere Entscheidungen treffen und innovativer sind. Sie gehen eher Risiken ein, probieren neue Dinge aus und wachsen schneller an ihren Erfahrungen – unabhängig davon, ob sie Erfolg oder Misserfolg haben.

Für Anna ist dies eine befreiende Erkenntnis. Sie beginnt zu verstehen, dass sie sich nicht länger von ihrer Angst vor dem Scheitern leiten lassen muss. Stattdessen kann sie lernen, Risiken als Teil des Lebens zu akzeptieren – und sich selbst die Erlaubnis zu geben, Fehler zu machen.

Praktischer Tipp: Wie du die Angst vor dem Scheitern loslässt

Das Loslassen der Angst vor dem Scheitern ist ein Prozess, der Zeit braucht. Hier ein paar Schritte, die dir dabei helfen können:

1. **Akzeptiere, dass Scheitern Teil des Lebens ist**: Niemand ist perfekt, und Fehler sind unvermeidlich. Anstatt dich von der Angst vor Misserfolgen lähmen zu lassen, betrachte sie als Gelegenheit, zu lernen und zu wachsen.
2. **Setze dir realistische Erwartungen**: Perfektion ist ein Mythos. Erlaube dir, auch mal Fehler zu machen, und setze dir Ziele, die erreichbar sind, anstatt dich ständig unter Druck zu setzen.
3. **Übe dich in Selbstmitgefühl**: Sei freundlich zu dir selbst, wenn etwas nicht wie geplant läuft. Anstatt dich zu verurteilen, erinnere dich daran, dass du immer die Möglichkeit hast, aus der Erfahrung zu lernen und es beim nächsten Mal anders zu machen.

Warum toxische Positivität den Umgang mit Misserfolgen erschwert

Ein weiterer Aspekt, der Anna klar wird, ist, dass toxische Positivität oft den gesunden Umgang mit Misserfolgen blockiert. Der ständige Zwang, positiv zu bleiben und alles schönzureden, führt dazu, dass wir uns selbst die Chance nehmen, aus Fehlern zu lernen. Anstatt uns ehrlich mit unseren Misserfolgen auseinanderzusetzen, verstecken wir sie hinter einem Schleier der Positivität – und verhindern so, dass wir emotional wachsen.

Eine Studie des *University College London* aus dem Jahr 2018 zeigte, dass Menschen, die sich toxischer Positivität hingeben, oft Schwierigkeiten haben, aus ihren Misserfolgen zu lernen. Sie tendieren dazu, negative Erfahrungen zu ignorieren oder zu verdrängen, anstatt sie zu reflektieren und daraus Lehren zu ziehen. Doch gerade die ehrliche Auseinandersetzung mit Fehlern ist der Schlüssel zu langfristigem Erfolg und emotionaler Reife.

Anna erkennt, dass sie sich oft hinter der toxischen Positivität versteckt hat, um nicht zugeben zu müssen, dass sie gescheitert ist. Doch jetzt lernt sie, dass es viel mutiger und wertvoller ist, sich ihren Fehlern zu stellen und sie als Lernchancen zu sehen, anstatt sie mit positiven Phrasen zu überdecken.

Fazit: Die Angst vor dem Scheitern loszulassen bedeutet, Freiheit zu finden

Am Ende versteht Anna, dass es okay ist, zu scheitern – und dass das Loslassen der Angst vor dem Scheitern der Schlüssel zu echter Freiheit ist. Sie lernt, dass das Scheitern nicht das Ende ist, sondern ein wichtiger Teil des Prozesses. Indem sie die toxische Positivität hinter sich lässt und sich ihren Fehlern ehrlich stellt, gewinnt sie die Freiheit, neue Dinge auszuprobieren und sich selbst weiterzuentwickeln.

Das Scheitern: Die Lektionen des Lebens

Scheitern. Ein Wort, das für viele wie eine Warnung klingt. Niemand scheitert gerne. Auch Anna hat lange geglaubt, dass Scheitern etwas ist, das man um jeden Preis vermeiden sollte. Doch jetzt merkt sie, dass jedes Scheitern in ihrem Leben auch eine Lektion war – und oft die wichtigsten. Es sind die Momente, die ihr am meisten über sich selbst und über den Umgang mit Herausforderungen beigebracht haben.

Die Psychologie des Scheiterns

Scheitern ist ein unvermeidbarer Teil des Lebens, und je mehr wir es als Chance zum Lernen sehen, desto mehr können wir daran wachsen. **Carol Dweck (2006)**, die durch ihre Arbeit zum **Growth Mindset** bekannt wurde, betont, dass Menschen mit einem Wachstumsdenken (die glauben, dass Fähigkeiten und Intelligenz durch Anstrengung entwickelt werden können) das Scheitern als notwendiges Sprungbrett zum Lernen betrachten.

Studien zeigen, dass Menschen, die sich vor dem Scheitern fürchten, oft in einem **fixierten Mindset** leben, das sie davon abhält,

Risiken einzugehen oder sich neuen Herausforderungen zu stellen. Sie neigen dazu, Fehler zu vermeiden, anstatt sie als Chance zu sehen, ihre Fähigkeiten zu verbessern. Doch gerade diese Fehler bieten wertvolle Einsichten und fördern den Lernprozess. **Moser et al. (2011)** fanden heraus, dass Menschen, die Fehler als Lerngelegenheit wahrnehmen, in Tests besser abschnitten, weil sie offener für das Lernen aus Misserfolgen waren.

Für Anna bedeutet das, dass sie lernen muss, ihre Fehler nicht als Versagen, sondern als Gelegenheit zu sehen, sich weiterzuentwickeln. Jede Herausforderung bietet ihr die Möglichkeit, sich neu zu erfinden und ihre Strategien zu verbessern.

Die Neurowissenschaft des Scheiterns

Im Gehirn führt das Scheitern zu einer Vielzahl von Reaktionen. Der **präfrontale Kortex** ist der Teil des Gehirns, der aktiv wird, wenn wir einen Fehler machen oder scheitern. Er hilft uns, den Fehler zu analysieren und zukünftige Handlungen anzupassen. **Studies** zeigen, dass die Fähigkeit des Gehirns, aus Fehlern zu lernen, durch Wiederholung und Übung gestärkt wird. Es ist eine Art Training für den Verstand, das uns hilft, zukünftige Situationen besser zu meistern.

Für Anna bedeutet das, dass ihr Gehirn jedes Mal, wenn sie scheitert, besser darin wird, mit ähnlichen Situationen umzugehen. Indem sie diese „Trainingsmomente" anerkennt und bewusst analysiert, wird sie in Zukunft widerstandsfähiger und erfolgreicher.

Praktischer Tipp: Scheitern bewusst analysieren

Wenn Anna das nächste Mal scheitert, wird sie den Prozess bewusster angehen. Anstatt sich von ihren Misserfolgen überwältigen zu lassen, setzt sie sich hin und analysiert, was sie aus der Situation lernen kann. Hier ist eine Methode, die sie anwenden könnte:

1. **Fehler identifizieren**: Was genau ist schiefgelaufen?
2. **Ursache erkennen**: Welche Faktoren haben zum Scheitern beigetragen?
3. **Lösung überlegen**: Was könnte beim nächsten Mal anders gemacht werden?
4. **Reflexion und Selbstmitgefühl**: Akzeptiere den Fehler und sei freundlich zu dir selbst. Niemand ist perfekt, und jeder Fehler bringt dich einen Schritt weiter.

Brené Brown (2012) hat in ihrer Forschung gezeigt, dass Menschen, die bereit sind, sich verletzlich zu zeigen, tiefere emotionale Verbindungen erleben und resilienter Herausforderungen gegenüber sind. Verletzlichkeit erlaubt es uns, authentisch zu sein und echte Verbindungen aufzubauen, weil wir unsere Masken ablegen und uns mit unseren wahren Emotionen zeigen.

Reflexionsfrage:

In welchen Bereichen deines Lebens vermeidest du es, dich verletzlich zu zeigen? Was könnte sich ändern, wenn du erlaubst, offener und authentischer zu sein?

Ikigai und das Scheitern

Anna erinnert sich an das Konzept von **Ikigai** – das japanische Prinzip der Sinnfindung. In der Philosophie von Ikigai ist das Scheitern ein natürlicher Teil des Lebens und der Weiterentwicklung. Es gibt nicht den „perfekten" Weg zum Glück, sondern einen Weg, der von ständigen Anpassungen und Lektionen geprägt ist. Anna erkennt, dass jeder Rückschlag sie näher an das bringt, was für sie wirklich zählt.

Durch die Reflexion über ihr Ikigai kann Anna das Scheitern in einem größeren Kontext sehen. Es geht nicht nur um den unmittelbaren Rückschlag, sondern um die langfristige Entwicklung und das Finden des Lebenssinns. Mit jedem Schritt, den sie geht – auch den Fehltritten – kommt sie ihrem persönlichen Ikigai näher.

Praktischer Tipp: Scheitern als Entwicklungschance

Anna übt, das Scheitern nicht als persönliches Versagen, sondern als notwendiges Element des Wachstums zu betrachten. Eine einfache Übung:

- Schreibe jeden Tag eine Situation auf, in der du gescheitert bist oder einen Fehler gemacht hast.
- Reflektiere, was du aus dieser Situation lernen kannst.
- Überlege, wie du das Gelernte beim nächsten Mal anwenden wirst.

Fazit: Scheitern als Schlüssel zum Wachstum

Anna lernt, dass Scheitern kein Ende ist, sondern ein wichtiger Teil des Lernprozesses. Jedes Mal, wenn sie scheitert, wird sie stärker und klüger. Sie versteht, dass das Scheitern ihr hilft, ihre Ziele klarer zu sehen und ihren Weg zu ihrem **Ikigai** weiter zu verfolgen.

Eine Studie von Neff (2003) zeigt, dass Menschen, die Selbstmitgefühl üben, weniger unglücklich, um Hilfe zu gebissen werden, weil sie sich weniger von ihren Schwächen bedroht fühlen. Hilfe anzunehmen bedeutet, sich selbst genug Wert beizumessen, um Unterstützung zu akzeptieren, anstatt zu versuchen, alles allein zu bewältigen.

Reflexionsfrage:

Wann hast du das letzte Mal verzweifelt um Hilfe gebeten? Wie kannst du lernen, Unterstützung als Akt der Stärke zu sehen, anstatt als Zeichen der Schwäche?

Nachdem Anna die Kunst des Loslassens einigermaßen gemeistert hatte – oder zumindest dachte, sie wäre auf dem richtigen Weg –, stellte sich eine weitere unbequeme Wahrheit heraus: Wahre Stärke liegt manchmal darin, Schwäche zu zeigen. Klaus, der niemals eine Träne vergießen würde, hatte diesen Punkt vermutlich verpasst. Aber Anna begann zu begreifen, dass der Mut, verletzlich zu sein, oft mehr Kraft erforderte, als immer den starken Schein zu wahr. Es war an der Zeit, herauszufinden, warum es so viel Mut braucht, Schwäche zuzulassen – und warum das vielleicht die größte Stärke von allen ist.

Kapitel 16

Stärke zeigen durch Schwäche – Warum es okay ist, verletzlich zu sein

Die Illusion von Stärke

„Sei stark!" – Ein Satz, den Anna nur zu gut kennt. Immer wenn das Leben schwieriger wurde, gab es jemanden, der ihr riet, stark zu bleiben. Doch je länger Anna über diesen Rat nachdenkt, desto mehr merkt sie, dass er oft falsch verstanden wird. Was bedeutet es überhaupt, „stark" zu sein? Ist Stärke wirklich gleichbedeutend damit, Gefühle zu unterdrücken und immer den Eindruck zu erwecken, dass man alles unter Kontrolle hat? Oder könnte es sein, dass wahre Stärke darin liegt, sich verletzlich zu zeigen?

Die Gesellschaft vermittelt uns oft, dass Stärke mit Härte und Unverwundbarkeit gleichzusetzen ist. Doch Anna hat in den letzten Monaten gelernt, dass diese Vorstellung zu einem ungesunden Druck führen kann. Der ständige Zwang, „stark" zu sein, bedeutet oft, die eigenen Schwächen und Verletzlichkeit zu verbergen – und das kann auf Dauer emotional erschöpfend sein.

Psychologisches Konzept: Verletzlichkeit als Stärke

Eine der wichtigsten Erkenntnisse der modernen Psychologie ist, dass wahre Stärke nicht darin besteht, unverwundbar zu sein, sondern darin, sich verletzlich zu zeigen. Verletzlichkeit ist nicht nur ein Zeichen von Authentizität, sondern auch der Schlüssel zu tiefen menschlichen Verbindungen. Menschen, die ihre Gefühle offen zeigen und bereit sind, sich ihren Ängsten und Unsicherheiten zu stellen, entwickeln oft eine größere emotionale Widerstandskraft.

Die Sozialforscherin Brené Brown, die sich intensiv mit dem Thema Verletzlichkeit beschäftigt hat, beschreibt Verletzlichkeit als „den Mut, sich in voller emotionaler Wahrheit zu zeigen, auch wenn es schwierig ist". Eine im *Journal of Social and Clinical Psychology* veröffentlichte Studie aus dem Jahr 2015 zeigt, dass Menschen, die ihre Verletzlichkeit annehmen, langfristig glücklicher und zufriedener sind. Sie haben tiefere Beziehungen und sind emotional stabiler, weil sie ihre wahren Gefühle nicht verstecken.

Für Anna bedeutet das, dass sie aufhören muss, Verletzlichkeit als Schwäche zu sehen. Sie beginnt zu verstehen, dass es in Ordnung ist, Fehler zu machen, Ängste zu haben und nicht immer die Kontrolle zu behalten. Und sie erkennt, dass wahre Stärke darin besteht, diese Gefühle zuzulassen und zu teilen.

Warum toxische Positivität uns von unserer Verletzlichkeit trennt

Toxische Positivität führt oft dazu, dass wir uns von unserer eigenen Verletzlichkeit entfremden. Die ständige Betonung darauf, „positiv zu bleiben" und „das Beste daraus zu machen", zwingt uns, negative Gefühle zu ignorieren oder zu verdrängen. Doch dieser Zwang hindert uns daran, uns authentisch zu zeigen – mit all unseren Schwächen, Ängsten und Unsicherheiten.

Eine weitere Studie der *University of Pennsylvania* fand heraus, dass Menschen, die sich zu stark auf positive Phrasen und toxische Positivität verlassen, oft Schwierigkeiten haben, ihre wahren Emotionen zu verarbeiten. Sie verstecken ihre Verletzlichkeit hinter einer Fassade der Stärke, was langfristig zu emotionaler Distanz und Isolation führen kann.

Anna erkennt, dass sie sich oft hinter dieser Fassade versteckt hat. Sie hat versucht, immer stark zu wirken und ihre Ängste und Zweifel zu verdrängen. Doch jetzt lernt sie, dass es viel mutiger und gesünder ist, sich ihrer Verletzlichkeit zu stellen und sie als Teil ihrer emotionalen Stärke zu akzeptieren.

**Praktischer Tipp: Wie du deine Verletzlichkeit als Stärke an-
nimmst**

Verletzlichkeit zu zeigen, kann herausfordernd sein, besonders
wenn wir daran gewöhnt sind, uns immer stark und unverwundbar
zu geben. Hier sind ein paar Schritte, die dir helfen können, deine
Verletzlichkeit als Stärke zu akzeptieren:

1. **Erkenne deine wahren Gefühle an**: Anstatt deine Ängste
   und Unsicherheiten zu verstecken, nimm sie bewusst wahr.
   Frag dich: „Was fühle ich wirklich in diesem Moment?" Es
   ist in Ordnung, dich verletzlich zu fühlen – das bedeutet,
   dass du menschlich bist.
2. **Teile deine Gefühle mit anderen**: Wahre Stärke zeigt sich
   oft in der Fähigkeit, offen über die eigenen Schwächen zu
   sprechen. Indem du deine Verletzlichkeit teilst, stärkst du
   nicht nur dich selbst, sondern auch deine Beziehungen zu
   anderen.
3. **Übe dich in Selbstmitgefühl**: Verletzlichkeit bedeutet
   nicht, dass du schwach bist. Lerne, freundlich und mitfüh-
   lend mit dir selbst umzugehen, wenn du dich verletzlich
   fühlst. Das macht es leichter, deine Gefühle anzunehmen.

**Warum Verletzlichkeit der Schlüssel zu tiefen Verbindungen
ist**

Eines der wichtigsten Dinge, die Anna durch das Annehmen ihrer
Verletzlichkeit gelernt hat, ist, dass Verletzlichkeit der Schlüssel
zu echten und tiefen Verbindungen mit anderen Menschen ist. Indem wir uns erlauben, authentisch zu sein und unsere Ängste zu
teilen, öffnen wir uns für tieferes Verständnis und Mitgefühl – sowohl für uns selbst als auch für andere.

Eine Studie des *Journal of Positive Psychology* zeigt, dass Menschen, die ihre Verletzlichkeit offen zeigen, tiefere und bedeu-
tungsvollere Beziehungen aufbauen. Sie sind in der Lage, sich

besser mit anderen zu verbinden, weil sie ihre wahren Gefühle nicht verstecken. Diese Verbindungen führen zu einem Gefühl von emotionaler Sicherheit und stärken das eigene Wohlbefinden.

Anna merkt, dass sie sich, je mehr sie sich ihrer Verletzlichkeit öffnet, auch anderen Menschen näher fühlt. Indem sie aufhört, ihre Gefühle zu verbergen, schafft sie Raum für echte Verbindungen – und das fühlt sich viel befreiender und stärker an als jede Fassade von Unverwundbarkeit.

Fazit: Stärke durch Verletzlichkeit – Warum es okay ist, nicht perfekt zu sein

Am Ende versteht Anna, dass wahre Stärke nicht darin besteht, perfekt zu sein oder immer alles im Griff zu haben. Stärke zeigt sich in dem Mut, sich verletzlich zu zeigen und sich selbst so anzunehmen, wie man wirklich ist – mit all den Fehlern, Ängsten und Unsicherheiten. Indem sie ihre Verletzlichkeit als Stärke annimmt, findet Anna die Freiheit, authentisch zu leben und tiefere Verbindungen mit sich selbst und anderen einzugehen.

Lass los, was dir nicht guttut – Die Kunst des Verzichts

Anna hat gelernt, dass es nicht nur darum geht, nach Glück zu streben, sondern auch darum, loszulassen, was ihr nicht mehr dient. Das Loslassen von alten Mustern, negativen Gedanken und belastenden Beziehungen ist nicht nur befreiend – es ist notwendig für inneren Frieden. Doch warum fällt es uns so schwer, Dinge loszulassen, die uns nicht mehr guttun? Anna sitzt vor einem Stapel alter Notizen, Erinnerungen und To-do-Listen und fragt sich: „Brauche ich das alles wirklich noch?"

Die Psychologie des Loslassens

Die Schwierigkeit, Dinge loszulassen, hängt oft mit unserem Bedürfnis nach Kontrolle und Sicherheit zusammen. **Daniel Wegner**

(1987), ein Pionier in der Forschung zu gedanklicher Unterdrückung, fand heraus, dass das bewusste Unterdrücken von Gedanken oft den gegenteiligen Effekt hat – wir haften umso mehr an diesen Gedanken, anstatt sie loszulassen. Diese Bindung an negative Emotionen oder alte Gewohnheiten kann uns emotional erschöpfen.

Eine Studie von **Cloutier und Dyer (2008)** zeigt, dass das Festhalten an Dingen, die uns belasten, nicht nur zu mentalem Stress führt, sondern auch unseren physischen Zustand beeinträchtigen kann. Menschen, die lernen, bewusst loszulassen, zeigen ein niedrigeres Stressniveau und eine bessere emotionale Balance. Für Anna bedeutet das, dass das Loslassen von altem Ballast – seien es physische Dinge oder emotionale Muster – ihr helfen kann, sich auf das zu konzentrieren, was ihr wirklich wichtig ist.

Praktischer Tipp: Die Kunst des Loslassens

Anna beschließt, dass es an der Zeit ist, sich von den Dingen zu trennen, die ihr nicht mehr guttun. Hier ist eine Übung, die sie anwendet, um loszulassen:

1. **Identifiziere den Ballast**: Schreibe auf, welche Dinge, Gedanken oder Beziehungen dir Energie rauben oder dich belasten.
2. **Treffe eine bewusste Entscheidung**: Entscheide dich aktiv, ob du diese Dinge in deinem Leben behalten möchtest oder ob es Zeit ist, sie loszulassen.
3. **Ritual des Loslassens**: Führe ein kleines Ritual durch, bei dem du die Dinge bewusst verabschiedest – sei es durch das Loslassen eines physischen Gegenstands oder das Schreiben eines Abschiedsbriefs an ein emotionales Muster.

Ikigai und das Loslassen

Im Konzept des **Ikigai** spielt das Loslassen eine zentrale Rolle. Um das Leben zu führen, das uns wirklich erfüllt, müssen wir Dinge loslassen, die uns daran hindern, unser wahres Potenzial zu erreichen. Anna versteht, dass sie sich von toxischen Beziehungen, überholten Erwartungen und alten Gewohnheiten trennen muss, um ihren Ikigai voll auszuleben.

Das Loslassen ist Teil des Prozesses, um Raum für das zu schaffen, was wirklich wichtig ist. Anna erkennt, dass es nur dann möglich ist, das Leben zu führen, das sie liebt, wenn sie sich von allem befreit, was sie daran hindert.

Neurowissenschaftliche Perspektive: Der Stress des Festhaltens

Neurowissenschaftlich betrachtet verursacht das Festhalten an negativen Gedanken und emotionalem Ballast eine erhöhte Aktivität in der **Amygdala**, dem emotionalen Zentrum des Gehirns, das für Stress und Angstreaktionen verantwortlich ist. **Squire und Zola-Morgan (1991)** zeigten in ihrer Forschung, dass das Festhalten an schädlichen Erinnerungen und negativen Gedanken das Stresslevel im Gehirn erhöht und den Cortisolspiegel ansteigen lässt.

Für Anna bedeutet dies, dass das Loslassen nicht nur emotional befreiend ist, sondern auch ihr Gehirn entlastet und ihr hilft, klarer und stressfreier zu denken.

Fallbeispiel: Loslassen als Befreiung

Ein Klient von mir, **Marie**, hatte jahrelang an einer toxischen Beziehung festgehalten. Obwohl sie wusste, dass diese Beziehung ihr nicht guttat, konnte sie nicht loslassen – aus Angst vor dem Unbekannten. Doch als sie lernte, den emotionalen Ballast der Beziehung abzulegen, erlebte sie eine immense Erleichterung. „Ich fühlte mich, als hätte ich endlich wieder Raum zum Atmen," sagte sie. Das Loslassen ermöglichte es ihr, sich auf das zu konzentrieren, was ihr wirklich Freude brachte.

Praktischer Tipp: Wie du den Ballast loswirst

Hier ist eine Methode, die Anna anwendet, um emotionalen und physischen Ballast loszuwerden:

- **Führe einen Frühjahrsputz durch**: Schaue dir regelmäßig an, was du in deinem Leben – sowohl emotional als auch physisch – nicht mehr brauchst. Sei ehrlich zu dir selbst und verabschiede dich von dem, was dich belastet.
- **Schaffe Platz für Neues**: Indem du alten Ballast loswirst, schaffst du Raum für positive Erfahrungen, neue Möglichkeiten und mehr emotionale Freiheit.

Fazit: Loslassen, um Raum zu schaffen

Anna lernt, dass das Loslassen von Dingen, die ihr nicht mehr guttun, kein Verlust ist – es ist ein Gewinn. Es schafft Raum für das, was wirklich wichtig ist, und ermöglicht ihr, den nächsten Schritt auf ihrer Reise zu einem sinnerfüllten Leben zu gehen.

Nachdem Anna herausgefunden hatte, dass wahre Stärke darin liegt, Schwäche zuzulassen, kam die nächste Herausforderung auf sie zu: Veränderung. Denn so sehr sie auch gelernt hatten, sich selbst in ihrer Verletzlichkeit zu akzeptieren, blieb da noch die eine Sache, vor der sie sich fürchtete – und das war Veränderung. Klaus, der Veränderung so enthusiastisch wie einen neuen Motivationsspruch begrüßte, konnte diese Angst nicht nachvollziehen. Aber Anna wusste: Veränderung ist schwer. Zeit, sich mit der Frage auseinanderzusetzen, warum Veränderung uns oft so viel Angst macht – und wie man den Mut findet, trotzdem einen Schritt nach vorne zu machen.

Kapitel 17

Die Angst vor Veränderung – Warum der Weg ins Unbekannte sich lohnt

Das Unbekannte als Chance

Anna steht an einem Punkt in ihrem Leben, an dem sie spürt, dass Veränderung nötig ist. Doch wie so viele Menschen zögert sie. Der Gedanke an das Unbekannte macht ihr Angst. „Was, wenn alles schlimmer wird? Was, wenn ich mich irre?" Diese Fragen schwirren durch ihren Kopf, während sie vor der Entscheidung steht, neue Wege zu gehen. Doch tief in sich spürt sie auch eine leise Stimme, die ihr sagt: „Es könnte alles auch besser werden."

Veränderung ist immer mit Unsicherheit verbunden. Doch ohne Veränderung gibt es auch kein Wachstum. Anna beginnt zu erkennen, dass die Angst vor dem Unbekannten normal ist, aber sie darf nicht zulassen, dass diese Angst sie davon abhält, neue Wege zu beschreiten.

Die Psychologie der Veränderungsangst

Veränderungsangst ist ein allzu menschliches Gefühl. Es ist in unserer Biologie verankert, dass wir uns vor dem Unbekannten fürchten, denn unser Gehirn bevorzugt Vorhersehbarkeit und Sicherheit. **Seth Godin** beschreibt in seinem Buch *The Dip* (2007), dass die meisten Menschen Veränderungen aus Angst vor Misserfolg oder Enttäuschung scheuen, obwohl gerade der Weg durch das Unbekannte oft die größten Belohnungen bringt.

Studien zeigen, dass unser Gehirn Veränderungen als Bedrohung interpretiert, was zur Aktivierung des **Fight-or-Flight-Systems** führt. Dies kann zu Angst und Vermeidung führen. **Williams et al. (2015)** fanden heraus, dass Menschen, die ihre Angst vor

Veränderungen annehmen und in kleine Schritte aufteilen, langfristig erfolgreicher und zufriedener sind.

Für Anna bedeutet das, dass sie die Angst vor Veränderungen nicht als Hindernis, sondern als Herausforderung betrachten sollte. Indem sie sich auf den Prozess konzentriert, anstatt auf das Endergebnis, wird es ihr leichter fallen, sich dem Unbekannten zu stellen.

Praktischer Tipp: Die Angst vor Veränderung überwinden

Anna beginnt, sich auf die Veränderungen vorzubereiten, anstatt sie zu vermeiden. Hier sind einige Strategien, die ihr helfen, die Angst vor dem Unbekannten zu überwinden:

1. **Kleine Schritte machen**: Anstatt eine große Veränderung auf einmal anzugehen, teilt Anna sie in kleinere, machbare Schritte auf. Das reduziert die Angst und hilft, den Fortschritt sichtbarer zu machen.
2. **Visualisiere das Positive**: Anna übt, sich die positiven Ergebnisse der Veränderung vorzustellen, anstatt sich nur auf das Negative zu konzentrieren. Das stärkt ihr Vertrauen in den Prozess.

Ikigai und die Akzeptanz von Veränderungen

Anna erinnert sich an ihr **Ikigai**. Ein sinnerfülltes Leben ist nicht statisch – es erfordert ständige Anpassungen und das Annehmen von Veränderungen. In der japanischen Philosophie des Ikigai wird betont, dass das Leben ein ständiger Fluss ist. Die Dinge verändern sich, und diese Veränderungen sind notwendig, um den Weg zu einem erfüllten und sinnvollen Leben zu finden.

Indem Anna ihren Ikigai als Kompass nutzt, versteht sie, dass Veränderungen keine Bedrohung für ihr Glück sind, sondern eine Möglichkeit, noch näher an das heranzukommen, was ihr wirklich wichtig ist.

Neurowissenschaftliche Perspektive: Warum das Gehirn Veränderungen fürchtet

Das menschliche Gehirn ist darauf programmiert, Veränderungen als potenzielle Gefahren wahrzunehmen. Der **präfrontale Kortex** hilft uns zwar, rationale Entscheidungen zu treffen, aber die **Amygdala**, die das emotionale Zentrum des Gehirns darstellt, reagiert oft instinktiv auf Unbekanntes mit Angst. **LeDoux (2000)** fand heraus, dass Menschen, die ihre Angst akzeptieren, anstatt sie zu verdrängen, eine bessere emotionale Resilienz entwickeln.

Für Anna bedeutet das, dass sie lernen muss, ihre Angst vor Veränderungen als normalen Teil des Prozesses zu akzeptieren, anstatt sich von ihr beherrschen zu lassen. Indem sie ihre Angst anerkennt und trotzdem weitermacht, stärkt sie ihr Gehirn und ihre emotionale Widerstandsfähigkeit.

Fallbeispiel: Der mutige Schritt ins Unbekannte

Ein Klient von mir, **Daniel**, war jahrelang in einem Beruf gefangen, der ihn unglücklich machte, doch er hatte Angst, den Schritt in eine neue Karriere zu wagen. Durch gezielte

Auseinandersetzung mit seiner Angst und das schrittweise Ergreifen kleiner Maßnahmen lernte er, die Angst vor dem Unbekannten zu überwinden. Heute führt Daniel ein erfolgreiches Unternehmen und sagt: „Ohne den Mut, ins Unbekannte zu gehen, wäre ich niemals so glücklich, wie ich es heute bin."

Praktischer Tipp: Den Weg ins Unbekannte wagen

Anna übt, ihre Angst vor Veränderungen zu überwinden, indem sie Folgendes tut:

- **Akzeptiere die Angst**: Anstatt die Angst zu verdrängen, anerkenne sie als natürlichen Teil des Veränderungsprozesses.
- **Teile Veränderungen in kleine Schritte auf**: Brich große Entscheidungen in kleinere, machbare Schritte herunter. So fühlt sich die Veränderung weniger überwältigend an.

Fazit: Veränderung als Chance, nicht als Gefahr

Anna lernt, dass der Weg ins Unbekannte keine Bedrohung ist – es ist eine Gelegenheit, zu wachsen und neue Möglichkeiten zu entdecken. Indem sie ihre Angst akzeptiert und trotzdem vorwärtsgeht, findet sie den Mut, Veränderungen als notwendigen Teil ihres Lebens zu umarmen.

Nachdem Anna sich ihrer Angst vor Veränderung gestellt hatte, wurde ihr klar, dass es mit einer optimistischen Einstellung allein nicht getan ist. Klaus war nach wie vor davon überzeugt, dass eine Extraportion Optimismus jedes Problem lösen könnte – doch Anna hatte inzwischen erkannt, dass manchmal mehr gefragt ist. Optimismus war schön und gut, aber das Leben verlangte oft mehr als nur ein Lächeln und ein „Das wird schon!". Es war Zeit, herauszufinden, was man wirklich braucht, um auch in schwierigen Zeiten voranzukommen – und warum Optimismus nur ein Teil der Lösung ist.

Kapitel 18

Mehr als nur Optimismus – Warum realistische Erwartungen der Schlüssel zum Glück sind

Die Verklärung des Optimismus

„Denke positiv und alles wird gut!" – Ein Satz, der Anna immer wieder begegnet, ob in Gesprächen, Motivationsbüchern oder auf Social Media. Optimismus wird in unserer Gesellschaft oft als der heilige Gral betrachtet. Wenn du nur optimistisch genug bist, so die Überzeugung, wirst du alle Hindernisse überwinden. Doch Anna fragt sich immer öfter: Was, wenn zu viel Optimismus gar nicht so hilfreich ist, wie man uns weismachen will?

Optimismus kann motivieren und dazu beitragen, dass wir Herausforderungen mit Zuversicht begegnen. Doch wenn wir uns ausschließlich auf optimistische Gedanken verlassen und realistische Erwartungen ignorieren, laufen wir Gefahr, uns selbst zu täuschen. Anna hat festgestellt, dass der übertriebene Fokus auf Positivität sie oft enttäuscht zurücklässt, weil die Realität nicht mit den optimistischen Vorstellungen übereinstimmt.

Praktische Werkzeuge für ein emotional ausgeglichenes Leben

Anna hatte begonnen, in der Welt der emotionalen Balance Fuß zu fassen. Sie hatte neue Wege gefunden, mit Stress umzugehen – keine motivierenden Poster mehr, die sie anstarrten, sondern echte Werkzeuge, um sich zu erden. Sie probierte Meditation, Journaling und sogar Atemtechniken aus. Klaus war jedoch nicht zu stoppen.

„Anna, du brauchst das alles nicht!", rief er eines Tages, als er sie in der Teeküche beim Meditieren erwischte. „Du musst einfach nur positiv denken! All diese Atemübungen – das ist doch nur Ablenkung. Positivität ist die Antwort auf alles."

Anna öffnete ein Auge, sah Klaus lange an und schloss es dann wieder. „Klaus", sagte sie ruhig, „wenn ich tief genug atme, kann ich dich vielleicht ignorieren."

Klaus lachte. „Positivität, Anna. Du musst nur die guten Gedanken anziehen."

„Oder vielleicht", murmelte Anna leise, „ziehe ich einfach tief Luft und atme all die guten Gedanken weg, die du mir aufzwingen willst."

Psychologisches Konzept: Realismus als gesunde Alternative

In der Psychologie spricht man vom „realistischen Optimismus", einer Balance zwischen positiven Erwartungen und einer gesunden Einschätzung der Realität. Realistischer Optimismus bedeutet, optimistisch zu sein, aber gleichzeitig die Herausforderungen und Hindernisse zu erkennen, die einem im Weg stehen. Im Gegensatz zum naiven Optimismus, der darauf setzt, dass schon alles gutgehen wird, fordert realistischer Optimismus, sich auf das Unerwartete vorzubereiten und realistische Erwartungen zu haben.

Eine Studie der *American Psychological Association* zeigt, dass Menschen, die realistischen Optimismus praktizieren, langfristig glücklicher und erfolgreicher sind. Sie haben weniger Enttäuschungen, weil sie nicht erwarten, dass alles perfekt läuft, und sind gleichzeitig flexibler im Umgang mit Herausforderungen. Anna erkennt, dass sie viel zu oft naiven Optimismus praktiziert hat – und dass es an der Zeit ist, realistischer zu denken.

Warum toxische Positivität uns in die Irre führt

Toxische Positivität hat uns gelehrt, dass wir negative Gedanken verdrängen und immer optimistisch bleiben sollen. Doch diese einseitige Sichtweise kann uns davon abhalten, uns realistisch auf Herausforderungen vorzubereiten. Wenn wir immer nur glauben, dass „alles gut wird", nehmen wir uns die Chance, Pläne zu schmieden, wie wir mit möglichen Problemen umgehen können.

Eine Studie der *Harvard Business School* aus dem Jahr 2019 fand heraus, dass Menschen, die zu sehr auf toxische Positivität setzen, oft unvorbereitet auf Rückschläge reagieren. Sie haben Schwierigkeiten, sich an unerwartete Situationen anzupassen, weil sie ihre Energie darauf verwenden, optimistisch zu bleiben, anstatt sich realistisch mit den Herausforderungen auseinanderzusetzen.

Anna erkennt, dass sie durch ihre optimistischen Erwartungen oft von der Realität überrascht wurde – und dass es viel sinnvoller ist, sich auf mögliche Schwierigkeiten vorzubereiten, anstatt sich darauf zu verlassen, dass alles gut wird.

Praktischer Tipp: Wie du realistischen Optimismus übst

Realistischer Optimismus bedeutet, eine gesunde Balance zwischen positiven Gedanken und realistischen Erwartungen zu finden. Hier sind ein paar Ansätze, die dir helfen können, diese Balance zu entwickeln:

1. **Erkenne die Realität an**: Anstatt zu erwarten, dass alles reibungslos verläuft, akzeptiere, dass es Hindernisse und Herausforderungen geben wird. Plane im Voraus, wie du mit diesen umgehen kannst.
2. **Setze dir erreichbare Ziele**: Unrealistische Erwartungen führen oft zu Enttäuschungen. Setze dir stattdessen realistische, machbare Ziele, die du Schritt für Schritt erreichen kannst.
3. **Bleibe flexibel**: Realistischer Optimismus bedeutet, dass du auf Rückschläge vorbereitet bist und bereit bist, deine Pläne anzupassen, wenn nötig. Flexibilität ist der Schlüssel, um mit den Überraschungen des Lebens umzugehen.

Warum realistische Erwartungen zum Glück führen

Einer der größten Vorteile des realistischen Optimismus ist, dass er uns vor unnötigen Enttäuschungen schützt. Wenn wir zu viel Optimismus in eine Situation investieren und die Dinge nicht so laufen, wie wir es uns vorgestellt haben, kann das zu Frustration und Selbstzweifeln führen. Doch wenn wir uns realistische Erwartungen setzen, sind wir weniger enttäuscht und fühlen uns gleichzeitig zufriedener, weil wir wissen, dass wir auf alles vorbereitet sind.

Eine Studie der *University of Southern California* zeigt, dass Menschen, die realistische Erwartungen haben, langfristig ein höheres Maß an Glück und Zufriedenheit erleben. Sie lernen, Rückschläge als Teil des Lebens zu akzeptieren, anstatt sie als persönlichen Misserfolg zu sehen. Anna erkennt, dass sie in der Vergangenheit oft enttäuscht war, weil sie zu optimistisch war – aber jetzt sieht sie, dass realistische Erwartungen der Schlüssel zu einem ausgeglichenen Leben sind.

Fazit: Realistischer Optimismus ist der Schlüssel zu echtem Glück

Am Ende versteht Anna, dass es nicht darum geht, immer nur positiv zu denken. Echte Zufriedenheit und Glück entstehen, wenn wir realistisch mit den Herausforderungen des Lebens umgehen und uns gleichzeitig erlauben, optimistisch in die Zukunft zu schauen – aber ohne die Realität aus den Augen zu verlieren. Realistischer Optimismus gibt uns die Freiheit, uns auf das Unerwartete vorzubereiten und gleichzeitig die Hoffnung zu bewahren, dass wir mit allem umgehen können, was auf uns zukommt. Sie ist auf dem Weg zur inneren Freiheit…

Kapitel 19

Der Weg zur inneren Freiheit – Warum das Verzichten von Erwartungen dich wirklich befreit

Die Last der Erwartungen

Anna hat sich ihr Leben lang von den Erwartungen anderer und ihrer eigenen Vorstellung von Perfektion leiten lassen. Doch allmählich merkt sie, dass diese Erwartungen ein unsichtbares Gefängnis geschaffen haben. Sie fühlt sich gefangen in einem ständigen Kreislauf, in dem sie versucht, es allen recht zu machen – Kollegen, Familie, Freunden – und dabei vergisst, was sie selbst will. „Wann habe ich eigentlich angefangen, nach den Vorstellungen anderer zu leben?" fragt sich Anna und erkennt, dass der einzige Weg zur wahren Freiheit darin besteht, diese Erwartungen loszulassen.

Die Psychologie der Erwartungen

Erwartungen – ob von uns selbst oder von anderen – sind oft der unsichtbare Maßstab, nach dem wir unser Leben ausrichten. Doch zu hohe oder unrealistische Erwartungen können uns emotional belasten und zu Enttäuschungen führen, wenn sie nicht erfüllt werden. Psychologen wie **Albert Ellis (1955)** haben in der **rational-emotiven Verhaltenstherapie** gezeigt, dass der Glaube, dass wir oder andere perfekt sein müssen, uns in eine mentale Falle führt.

Studien wie die von **Besser und Priel (2010)** bestätigen, dass Menschen, die unter hohen Erwartungen leiden, ein höheres Risiko für Angst und Depressionen haben. Anna erkennt, dass sie nicht nur die Erwartungen anderer loslassen muss, sondern auch ihre eigenen unrealistischen Erwartungen an sich selbst.

Praktischer Tipp: Erwartungen loslassen

Anna beginnt, ihre Erwartungen an sich selbst und andere zu hinterfragen und loszulassen. Hier ist eine Übung, die ihr hilft:

- **Erwartungen identifizieren**: Schreibe auf, welche Erwartungen du an dich selbst oder andere hast.
- **Realität checken**: Frage dich, ob diese Erwartungen realistisch sind und ob sie dir mehr schaden als nützen.
- **Verabschiede dich von überflüssigen Erwartungen**: Trenne dich bewusst von den Erwartungen, die dich belasten, und erlaube dir, flexibler und offener zu sein.

Ikigai und das Loslassen von Erwartungen

Im Konzept des **Ikigai** geht es darum, das Leben authentisch und sinnerfüllt zu leben – unabhängig von den Erwartungen anderer. Anna erkennt, dass sie nur dann zu ihrem wahren Ikigai finden kann, wenn sie sich von den überflüssigen Erwartungen befreit, die sie davon abhalten, ihren eigenen Weg zu gehen.

Indem sie das tut, was sie liebt und worin sie gut ist, ohne den ständigen Druck, perfekt sein zu müssen, kann sie ihr Leben in einem natürlicheren und erfüllteren Rhythmus leben.

Neurowissenschaftliche Perspektive: Der Stress durch Erwartungen

Neurowissenschaftliche Studien zeigen, dass das ständige Erfüllen von Erwartungen zu einem chronisch erhöhten **Cortisolspiegel** führt, dem Stresshormon, das im Körper freigesetzt wird, wenn wir unter Druck stehen. **Lupien et al. (2009)** fanden heraus, dass anhaltender Stress durch das Streben nach Perfektionismus und das Erfüllen externer Erwartungen das Risiko für Herzkrankheiten und andere stressbedingte Erkrankungen erhöht.

Für Anna bedeutet das, dass das Loslassen dieser ständigen Erwartungshaltung nicht nur eine Befreiung für ihren Geist, sondern auch für ihren Körper ist. Sie lernt, dass Selbstakzeptanz und Flexibilität in den Erwartungen der Schlüssel zu einem gesunden und glücklichen Leben sind.

Fallbeispiel: Der Weg zur inneren Freiheit

Ein Klient von mir, **Johanna**, lebte jahrelang nach den Erwartungen ihrer Familie und Gesellschaft. Sie glaubte, dass sie nur dann erfolgreich sei, wenn sie alle Erwartungen erfüllte. Doch diese Last führte zu einem Burnout. Durch die Arbeit an ihrer eigenen Identität und dem Loslassen dieser Erwartungen lernte Johanna, dass ihre persönliche Zufriedenheit wichtiger war als das ständige Streben nach äußeren Maßstäben. Heute lebt sie ein viel freieres und erfüllteres Leben.

Praktischer Tipp: Erwartungen anpassen

Anna übt, ihre Erwartungen Schritt für Schritt anzupassen. Hier ist eine einfache Übung, die sie täglich anwendet:

- **Setze realistische Ziele**: Reduziere die Erwartungen an dich selbst und erlaube dir, Fehler zu machen. Du musst nicht immer alles perfekt machen.
- **Feiere kleine Erfolge**: Anstatt ständig nach dem großen Erfolg zu streben, lernt Anna, kleine Fortschritte anzuerkennen und zu schätzen.

Fazit: Wahre Freiheit liegt im Loslassen von Erwartungen

Anna lernt, dass der Schlüssel zur inneren Freiheit darin besteht, sich von den Erwartungen zu lösen, die sie sich selbst oder andere ihr auferlegt haben. Indem sie diese Belastungen ablegt, findet sie mehr Raum für das, was ihr wirklich wichtig ist – und kommt ihrem Ikigai, ihrem persönlichen Lebenssinn, näher.

Kapitel 20

Du musst nicht immer stark sein – Die Kunst, um Hilfe zu bitten

Der Mythos der Unabhängigkeit

„Ich schaffe das allein." – Ein Satz, den Anna unzählige Male gedacht oder gesagt hat. In einer Gesellschaft, die Individualität und Unabhängigkeit glorifiziert, wird oft die Vorstellung vermittelt, dass wahre Stärke darin besteht, alles selbst zu bewältigen. Hilfe zu suchen oder Schwäche zu zeigen, wird dagegen häufig als Zeichen von Mangel oder Unfähigkeit gesehen. Doch je mehr Anna darüber nachdenkt, desto klarer wird ihr, dass wahre Stärke oft darin liegt, zu wissen, wann es Zeit ist, um Hilfe zu bitten.

Der Mythos der Unabhängigkeit hat dazu geführt, dass viele Menschen glauben, sie müssten all ihre Herausforderungen und Probleme allein bewältigen. Doch Anna beginnt zu verstehen, dass dies nicht nur unnötig ist, sondern auch einsam machen kann. Hilfe anzunehmen bedeutet nicht, dass man schwach ist – es bedeutet, dass man sich selbst genug schätzt, um Unterstützung zu suchen, wenn man sie braucht.

Psychologisches Konzept: Soziale Unterstützung und emotionale Resilienz

Die Psychologie betont immer wieder die Bedeutung sozialer Unterstützung für unser emotionales Wohlbefinden. Menschen, die in schwierigen Zeiten auf ihr soziales Netzwerk zurückgreifen können, sind oft widerstandsfähiger und erholen sich schneller von Stress und Rückschlägen. Es gibt zahlreiche Studien, die zeigen, dass das Bitten um Hilfe nicht nur die emotionale Resilienz stärkt, sondern auch das Risiko für Burnout und Depressionen reduziert.

Eine Studie der *American Psychological Association* aus dem Jahr 2016 zeigt, dass Menschen, die soziale Unterstützung suchen und annehmen, in Krisenzeiten besser mit ihren Emotionen umgehen können. Sie sind in der Lage, ihre Probleme realistischer zu betrachten und Lösungen zu finden, weil sie nicht alles allein bewältigen müssen. Anna erkennt, dass sie viel zu oft versucht hat, alles allein zu schaffen – und dass es an der Zeit ist, sich auf ihre Freunde, Familie und Kollegen zu stützen.

Warum toxische Positivität uns glauben lässt, wir müssten alles allein schaffen

Toxische Positivität hat uns dazu gebracht zu glauben, dass wir nur dann stark sind, wenn wir allein durch schwierige Zeiten kommen. Die Vorstellung, dass „positives Denken" uns durch jede Krise bringen kann, verleitet uns dazu, uns zu isolieren und auf Hilfe zu verzichten, selbst wenn wir sie dringend bräuchten. Doch dieser Druck, immer stark und positiv zu bleiben, hindert uns daran, uns menschlich zu zeigen – mit all unseren Schwächen und Bedürfnissen.

Eine weitere Studie der *Harvard Business School* aus dem Jahr 2018 fand heraus, dass Menschen, die sich toxischer Positivität hingeben, oft zögern, um Hilfe zu bitten, weil sie glauben, sie müssten alles allein schaffen, um „wirklich stark" zu sein. Doch das führt oft zu einem Gefühl der Überforderung und des emotionalen Rückzugs.

Anna erkennt, dass sie sich selbst oft von der toxischen Vorstellung leiten ließ, dass sie niemandem zur Last fallen darf. Doch jetzt beginnt sie zu verstehen, dass es nicht nur in Ordnung, sondern auch gesund ist, Hilfe zu suchen – sei es emotional, beruflich oder privat.

Praktischer Tipp: Wie du lernst, um Hilfe zu bitten

Das Bitten um Hilfe ist für viele Menschen ungewohnt, weil es oft als Schwäche wahrgenommen wird. Hier sind ein paar Ansätze, die dir helfen können, diesen wichtigen Schritt zu gehen:

1. **Erkenne, dass es menschlich ist, Unterstützung zu brauchen**: Jeder Mensch braucht manchmal Hilfe. Anstatt dich dafür zu schämen, sieh es als Zeichen von emotionaler Reife, wenn du weißt, wann du Unterstützung benötigst.
2. **Wende dich an dein soziales Netzwerk**: Denke daran, dass deine Freunde, Familie und Kollegen für dich da sind. Du musst nicht alles allein schaffen – teile deine Herausforderungen mit Menschen, denen du vertraust.
3. **Sei offen und ehrlich**: Wenn du um Hilfe bittest, sei ehrlich über deine Bedürfnisse. Menschen sind oft bereit, zu helfen, wenn sie wissen, womit du zu kämpfen hast. Es braucht Mut, um Hilfe zu bitten, aber dieser Mut stärkt deine Beziehungen und dein emotionales Wohlbefinden.

Warum das Bitten um Hilfe ein Zeichen von Stärke ist

Anna lernt, dass das Bitten um Hilfe nicht nur in schwierigen Zeiten wichtig ist, sondern auch eine Form der Selbstfürsorge darstellt. Es bedeutet, dass sie sich selbst genug schätzt, um zu erkennen, dass sie nicht alles allein bewältigen muss. Das Bitten um Hilfe stärkt nicht nur sie selbst, sondern auch die Beziehungen zu den Menschen um sie herum.

Eine Studie des *Journal of Social Psychology* zeigt, dass Menschen, die um Hilfe bitten, oft tiefere und engere Beziehungen zu anderen aufbauen. Indem sie ihre Verletzlichkeit zeigen und ihre Bedürfnisse mitteilen, öffnen sie sich für echte Verbindungen und erhalten die Unterstützung, die sie brauchen, um emotional zu wachsen.

Für Anna bedeutet dies, dass sie aufhören kann, ihre Schwierigkeiten zu verstecken. Indem sie lernt, Hilfe anzunehmen, entdeckt sie eine neue Form der Stärke – eine Stärke, die aus der Gemeinschaft und den Verbindungen zu anderen Menschen entsteht.

Fazit: Hilfe zu suchen ist kein Zeichen von Schwäche – es ist ein Zeichen von emotionaler Reife

Am Ende versteht Anna, dass sie nicht immer stark und unabhängig sein muss. Es ist in Ordnung, um Hilfe zu bitten und sich auf die Unterstützung anderer zu verlassen. Diese Erkenntnis befreit sie von dem Druck, immer alles allein schaffen zu müssen – und sie gibt ihr die Freiheit, ihre menschliche Seite zu zeigen, ohne das Gefühl zu haben, dass sie versagt hat.

Kapitel 21

Selbstakzeptanz – Der Schlüssel zu innerem Frieden

Der Kampf mit dem inneren Kritiker

Anna hat viele Jahre damit verbracht, mit sich selbst unzufrieden zu sein. Sie hat sich selbst für Fehler kritisiert, ihre Schwächen betont und ständig das Gefühl gehabt, nicht gut genug zu sein. Doch nun steht sie an einem Wendepunkt: Sie beginnt zu erkennen, dass der Weg zu echtem inneren Frieden nicht über Selbstkritik, sondern über Selbstakzeptanz führt. „Wie wäre es, wenn ich aufhören würde, gegen mich selbst zu kämpfen?" fragt sie sich und beschließt, den inneren Kritiker in den Ruhestand zu schicken.

Die Psychologie der Selbstakzeptanz

Selbstakzeptanz ist die Grundlage für emotionales Wohlbefinden. Psychologen wie **Carl Rogers (1961)**, ein Pionier der humanistischen Psychotherapie, betonten, dass Selbstakzeptanz der Schlüssel zu persönlichem Wachstum ist. Nur wenn wir uns selbst so annehmen, wie wir sind – mit all unseren Stärken und Schwächen –, können wir authentisch leben.

Studien wie die von **Neff und Germer (2013)** zeigen, dass Menschen, die Selbstmitgefühl und Selbstakzeptanz praktizieren, emotional stabiler sind und weniger unter Angst und Depressionen leiden. Selbstakzeptanz bedeutet nicht, sich mit seinen Fehlern abzufinden, sondern zu verstehen, dass man trotz Unvollkommenheit wertvoll ist.

Praktischer Tipp: Selbstakzeptanz üben

Anna beginnt, Selbstakzeptanz zu üben. Hier sind einige Methoden, die ihr helfen:

1. **Selbstmitgefühl praktizieren**: Anstatt sich für Fehler zu verurteilen, spricht sie sich selbst freundlich zu. „Ich habe mein Bestes gegeben" wird zu einem ihrer Mantras.
2. **Reflexion ohne Urteil**: Anna übt, ihre Handlungen und Gedanken zu reflektieren, ohne sich dafür zu verurteilen. Sie erkennt, dass sie sich in jedem Moment so verhalten hat, wie es ihr damals möglich war.

Ikigai und Selbstakzeptanz

In der Philosophie des **Ikigai** ist Selbstakzeptanz ein entscheidender Faktor für ein sinnerfülltes Leben. Anna erkennt, dass sie ihre eigene Einzigartigkeit akzeptieren muss, um ihr volles Potenzial zu entfalten. Ikigai bedeutet nicht, sich ständig zu verbessern, sondern das, was bereits in einem steckt, anzuerkennen und zu schätzen.

Indem Anna lernt, ihre Stärken zu sehen und ihre Schwächen zu akzeptieren, kann sie den Weg zu einem authentischeren und erfüllteren Leben finden. Ihr Ikigai, das, was ihr Freude und Sinn gibt, wird durch Selbstakzeptanz noch klarer.

Neurowissenschaftliche Perspektive: Selbstakzeptanz und das Gehirn

Neurowissenschaftlich betrachtet, hat Selbstkritik eine zerstörerische Wirkung auf unser Gehirn. Wenn wir uns ständig selbst verurteilen, wird der **präfrontale Kortex**, der für rationales Denken zuständig ist, überfordert, während die **Amygdala**, das emotionale Zentrum, aktiviert wird und Stress und Angst erzeugt. **Neff und Davidson (2015)** fanden heraus, dass Selbstmitgefühl und Selbstakzeptanz das Stressniveau senken und die Resilienz steigern.

Für Anna bedeutet das, dass Selbstakzeptanz nicht nur eine emotionale, sondern auch eine neurologische Befreiung ist. Sie lernt, sich selbst freundlicher zu behandeln, was nicht nur ihren Geist, sondern auch ihr Gehirn entlastet.

Fallbeispiel: Die Befreiung durch Selbstakzeptanz

Eine Klientin von mir, **Sarah**, war jahrelang mit ihrem eigenen Selbstbild unzufrieden. Sie fühlte sich nie gut genug und verurteilte sich für jede Kleinigkeit. Doch durch die Arbeit an ihrer Selbstakzeptanz lernte sie, sich selbst liebevoll zu begegnen. Sie sagte: „Es war, als hätte ich endlich Frieden mit mir selbst geschlossen." Heute führt sie ein Leben, das von mehr Leichtigkeit und Freude geprägt ist, weil sie aufgehört hat, sich selbst zu bekämpfen.

Praktischer Tipp: Wie du Selbstakzeptanz stärkst

Hier ist eine Übung, die Anna regelmäßig durchführt, um ihre Selbstakzeptanz zu stärken:

- **Tägliche Selbstakzeptanz-Praxis**: Jeden Abend schreibt Anna drei Dinge auf, die sie an sich selbst schätzt, egal wie klein sie sind. Diese einfache Praxis hilft ihr, ihre Selbstakzeptanz zu vertiefen und freundlicher mit sich selbst umzugehen.

Fazit: Selbstakzeptanz als Tor zu innerem Frieden

Anna lernt, dass der Weg zu innerem Frieden nicht durch Selbstkritik führt, sondern durch die Akzeptanz ihrer selbst. Indem sie ihre Stärken feiert und ihre Schwächen annimmt, findet sie mehr Raum für Glück und Zufriedenheit. Der Weg zu ihrem Ikigai, ihrem wahren Lebenssinn, wird klarer, weil sie aufhört, sich selbst zu blockieren.

Kapitel 22

Es ist okay, einen schlechten Tag zu haben – Wie du lernst, negative Emotionen zuzulassen

Der Druck, immer gut gelaunt zu sein

„Kopf hoch, es wird schon wieder!" – Dieser Satz begleitet Anna, wann immer sie einen schlechten Tag hat. Aber statt Trost zu spenden, sorgt er dafür, dass sie sich noch schlechter fühlt. Der Druck, immer positiv und gut gelaunt zu sein, führt dazu, dass sie ihre negativen Gefühle verdrängt und sich schuldig fühlt, wenn es ihr mal nicht gut geht. Doch Anna beginnt zu verstehen, dass es in Ordnung ist, einen schlechten Tag zu haben – und dass das Zulassen dieser negativen Emotionen ein wichtiger Teil der emotionalen Gesundheit ist.

Unsere Kultur der toxischen Positivität hat uns oft beigebracht, dass wir negative Emotionen sofort „reparieren" müssen. Traurigkeit, Frustration oder Angst werden als Schwächen angesehen, die es zu überwinden gilt, anstatt als natürliche Reaktionen auf schwierige Lebensumstände. Doch je mehr Anna darüber nachdenkt, desto klarer wird ihr, dass das Verdrängen negativer Gefühle auf Dauer viel schädlicher ist als das Zulassen.

Nachhaltige emotionale Gesundheit – Wie du langfristig in Balance bleibst

Nachdem Anna gelernt hatte, ihre emotionale Balance zu finden, war es an der Zeit, diese langfristig aufrechtzuerhalten. Es stellte sich heraus, dass es eine Menge kleiner Dinge waren, die wirklich halfen: genug Schlaf, gesunde Ernährung, regelmäßige Pausen. Klaus hingegen war fest davon überzeugt, dass eine unerschütterliche Positivität allein die Lösung für alles war.

„Du brauchst doch keine Pausen, Anna!", sagte Klaus eines Morgens, als sie sich gerade auf dem Weg zu einem ruhigen Mittagsspaziergang vermutete. „Positivität gibt dir alle Energie, die du brauchst!"

Anna blieb stehen und sah ihn lange an. „Klaus, ich habe nachgedacht..."

„Na siehst du! Positives Denken!"

„Nein, nicht ganz", sagte Anna ruhig. „Ich habe nachgedacht, ob ich einfach eine Fluchtstrategie entwickeln sollte, bei der du mich nicht mehr findest."

„Haha, sehr witzig", sagte Klaus, der den Sarkasmus völlig überhörte.

Psychologisches Konzept: Emotionale Akzeptanz

Emotionale Akzeptanz bedeutet, dass wir unsere negativen Gefühle annehmen, anstatt gegen sie anzukämpfen. Es geht darum, sie zuzulassen und ihnen Raum zu geben, ohne sie sofort zu bewerten oder zu „lösen". Studien zeigen, dass Menschen, die ihre Emotionen akzeptieren, eine höhere emotionale Resilienz entwickeln und weniger anfällig für Depressionen und Angstzustände sind.

Eine im *Journal of Personality and Social Psychology* veröffentlichte Studie aus dem Jahr 2017 fand heraus, dass Menschen, die ihre negativen Gefühle annehmen, weniger chronischen Stress erleben und schneller aus emotionalen Tiefs herausfinden. Anna merkt, dass sie sich oft selbst im Weg stand, weil sie ihre negativen Gefühle immer unterdrückt hat. Jetzt lernt sie, dass es in Ordnung ist, sich schlecht zu fühlen – und dass diese Gefühle Teil des menschlichen Erlebens sind.

Warum toxische Positivität uns daran hindert, negative Emotionen zuzulassen

Toxische Positivität hat uns oft glauben lassen, dass negative Emotionen vermieden oder ignoriert werden sollten. Sätze wie „Es könnte schlimmer sein" oder „Denk positiv!" vermitteln uns das Gefühl, dass es nicht in Ordnung ist, traurig oder frustriert zu sein. Doch dieser ständige Druck, positiv zu bleiben, hindert uns daran, unsere Gefühle ehrlich zu durchleben und zu verarbeiten.

Eine Studie der *University of Texas* zeigt, dass das ständige Unterdrücken negativer Emotionen langfristig zu erhöhtem Stress und emotionaler Erschöpfung führt. Menschen, die ihre negativen Gefühle nicht zulassen, erleben oft ein Gefühl der inneren Leere, weil sie sich selbst daran hindern, die gesamte Bandbreite menschlicher Emotionen zu erfahren. Anna erkennt, dass sie oft versucht hat, ihre Gefühle „wegzudenken", anstatt sich ihnen zu stellen – und dass es Zeit ist, diesen Zyklus zu durchbrechen.

Praktischer Tipp: Wie du lernst, negative Emotionen zuzulassen

Das Zulassen negativer Emotionen kann ungewohnt und unangenehm sein, besonders wenn wir daran gewöhnt sind, sie zu unterdrücken. Hier sind ein paar Schritte, die dir helfen können, diesen Prozess zu erleichtern:

1. **Erlaube dir, dich schlecht zu fühlen**: Es ist in Ordnung, einen schlechten Tag zu haben. Gib dir selbst die Erlaubnis, traurig, wütend oder frustriert zu sein, ohne das Gefühl zu haben, dass du sofort etwas ändern musst.
2. **Setze dich mit deinen Gefühlen auseinander**: Anstatt deine negativen Emotionen zu verdrängen, nimm dir bewusst Zeit, um sie zu reflektieren. Schreibe auf, wie du dich fühlst, oder sprich mit jemandem darüber, dem du vertraust.

3. **Vermeide es, dich selbst zu verurteilen**: Negative Emotionen sind kein Zeichen von Schwäche. Übe dich in Selbstmitgefühl und erkenne, dass es normal und menschlich ist, nicht immer glücklich zu sein.

Warum das Zulassen negativer Emotionen dich emotional stärker macht

Anna lernt, dass das Zulassen negativer Emotionen nicht bedeutet, in diesen Emotionen zu verharren. Vielmehr geht es darum, ihnen Raum zu geben, damit sie verarbeitet werden können. Indem sie ihre Gefühle anerkennt, baut sie eine emotionale Stärke auf, die ihr hilft, besser mit zukünftigen Herausforderungen umzugehen.

Eine Studie der *American Psychological Association* zeigt, dass Menschen, die ihre negativen Emotionen zulassen, langfristig emotional widerstandsfähiger sind. Sie lernen, ihre Gefühle als Teil ihres emotionalen Lebens zu akzeptieren, anstatt sie zu unterdrücken oder zu bekämpfen. Für Anna bedeutet das, dass sie aufhören kann, sich dafür zu schämen, wenn es ihr mal nicht gut geht. Stattdessen kann sie ihre Gefühle annehmen und auf gesunde Weise verarbeiten.

Fazit: Es ist okay, einen schlechten Tag zu haben – und das macht dich stärker

Am Ende versteht Anna, dass es völlig in Ordnung ist, nicht immer positiv zu sein. Negative Emotionen sind ein natürlicher Teil des Lebens, und das Zulassen dieser Gefühle macht uns emotional stärker und widerstandsfähiger. Indem Anna lernt, sich ihren Gefühlen zu stellen, findet sie eine neue Form der Freiheit und Selbstakzeptanz.

Kapitel 23

Emotionale Gesundheit als Schlüssel zu einem erfüllten Leben

Anna hat in den letzten Kapiteln viel über Selbstakzeptanz, das Loslassen von Erwartungen und den Umgang mit Veränderungen gelernt. Doch all diese Themen führen zu einer grundlegenden Erkenntnis: Emotionale Gesundheit ist der Schlüssel zu einem sinnerfüllten Leben. Aber was bedeutet emotionale Gesundheit genau? Für Anna bedeutet es, im Gleichgewicht mit ihren Gefühlen zu sein – weder ihre Emotionen zu unterdrücken noch sich von ihnen überwältigen zu lassen.

Die 5 Grundemotionen – Warum wir sie alle brauchen

In einem weiteren Versuch, ihre emotionale Intelligenz zu vertiefen, arbeitete Anna an der Akzeptanz aller Emotionen – nicht nur der positiven. Sie las über Trauer, Wut, Angst, Freude und Liebe und stellte fest, dass jede Emotion ihren Platz hatte. Doch Klaus hatte natürlich nur eine Lieblingsemotion.

„Freude, Anna! Das ist die einzige Emotion, die zählt! All die anderen machen doch nur Probleme."

„Ah, Klaus", sagte Anna und legte ein Buch über emotionale Intelligenz beiseite. „Ich wusste nicht, dass du ein Experte für selektive Emotionen bist."

„Das ist doch einfach!", rief Klaus begeistert. „Wenn du immer nur Freude wählst, wird das Leben perfekt."

„Und wenn du immer nur Freude wählst", antwortete Anna trocken, „wirst du irgendwann feststellen, dass du von den anderen Emotionen überrannt wirst wie von einem Bus, den du nicht hast kommen sehen."

Klaus sah sie kurz verwirrt an, dann lächelte er. „Positiv denken, Anna, immer positiv!"

„Oder einfach mal realistisch", murmelte Anna leise.

Die Psychologie der emotionalen Gesundheit

Emotionale Gesundheit ist nicht nur die Abwesenheit von emotionalen Störungen, sondern der aktive Umgang mit den eigenen Gefühlen und Emotionen. **Daniel Goleman (1995)**, der durch sein Buch *Emotionale Intelligenz* bekannt wurde, betont, dass emotionale Gesundheit die Fähigkeit umfasst, Gefühle zu erkennen, zu verstehen und effektiv zu regulieren. Menschen, die emotional gesund sind, haben eine größere Resilienz gegenüber Stress und sind in der Lage, ihre Gefühle auf eine Weise auszudrücken, die ihnen und anderen guttut.

Selye (1956), ein Pionier in der Stressforschung, stellte fest, dass Menschen, die ihre emotionalen Zustände bewusst erkennen und steuern, besser in der Lage sind, Stress abzubauen und langfristig gesünder zu leben. Für Anna bedeutet das, dass sie lernen muss, ihre emotionalen Hochs und Tiefs nicht als Hindernis, sondern als Teil ihres Lebens zu betrachten.

Praktischer Tipp: Wie du deine emotionale Gesundheit pflegst

Anna beginnt, bewusster auf ihre Emotionen zu achten. Hier sind einige Strategien, die ihr helfen, ihre emotionale Gesundheit zu pflegen:

1. **Gefühle anerkennen**: Anstatt ihre Emotionen zu unterdrücken, erlaubt sich Anna, diese bewusst wahrzunehmen. Wenn sie sich gestresst oder traurig fühlt, nimmt sie sich einen Moment, um zu erkennen, was sie gerade empfindet.

2. **Balance schaffen**: Anna achtet darauf, dass sie emotionale Ausgewogenheit erreicht, indem sie Stress reduziert und sich selbst regelmäßig Auszeiten gönnt.

Laut einer Studie von Tugade und Fredrickson (2004) fördern positive Emotionen Resilienz, wenn sie authentisch erlebt werden. Menschen, die regelmäßig Pausen machen, um über ihre Emotionen nachzudenken und sich selbst zu pflegen, zeigen eine größere psychische Widerstandskraft und sind besser in der Lage, Stress und Rückschläge zu bewältigen.

Reflexionsfrage:

Welche Routinen könntest du in deinen Alltag integrieren, um deine emotionale Gesundheit langfristig zu pflegen?

Ikigai und emotionale Gesundheit

Im **Ikigai** geht es nicht nur darum, den eigenen Lebenssinn zu finden, sondern auch um das Wohlbefinden auf allen Ebenen. Emotionale Gesundheit spielt hier eine zentrale Rolle. Anna erkennt, dass sie ihr volles Potenzial nur dann ausschöpfen kann, wenn sie emotional ausgeglichen ist und auf ihre Gefühle achtet.

Ikigai fördert die Balance zwischen Arbeit, Freude und dem, was die Welt von uns braucht. Emotionale Gesundheit ist ein wesentlicher Baustein, um diese Balance zu erreichen und ein erfülltes Leben zu führen.

Neurowissenschaftliche Perspektive: Emotionale Gesundheit und das Gehirn

Neurowissenschaftlich betrachtet spielen emotionale Gesundheit und das **limbische System**, das emotionale Zentrum des Gehirns, eine Schlüsselrolle im Wohlbefinden. **Davidson et al. (2000)** fanden heraus, dass Menschen, die emotional gesund sind, eine höhere Aktivität im linken präfrontalen Kortex aufweisen, was mit positiven Emotionen und Resilienz verbunden ist.

Für Anna bedeutet das, dass die Pflege ihrer emotionalen Gesundheit nicht nur ihr Wohlbefinden steigert, sondern auch ihr Gehirn trainiert, besser mit Stress und Herausforderungen umzugehen.

Fallbeispiel: Der Weg zur emotionalen Gesundheit

Ein Klient von mir, **Tom**, hatte jahrelang Schwierigkeiten, mit seinen Emotionen umzugehen. Er unterdrückte seine Wut und seine Frustration, was zu ständigen Konflikten in seinen Beziehungen führte. Durch die Arbeit an seiner emotionalen Gesundheit lernte Tom, seine Gefühle auf gesunde Weise auszudrücken und auf seine emotionalen Bedürfnisse zu achten. Heute führt er ein viel ausgeglicheneres und zufriedeneres Leben.

Praktischer Tipp: Emotionale Balance finden

Hier ist eine Übung, die Anna täglich anwendet, um ihre emotionale Balance zu bewahren:

- **Tägliche Emotionen-Reflexion**: Jeden Abend reflektiert Anna, welche Emotionen sie den Tag über erlebt hat und wie sie mit diesen umgegangen ist. Das hilft ihr, emotionale Muster zu erkennen und bewusster mit ihren Gefühlen umzugehen.

Fazit: Emotionale Gesundheit als Grundlage für ein erfülltes Leben

Anna lernt, dass emotionale Gesundheit der Schlüssel zu einem sinnerfüllten Leben ist. Indem sie ihre Emotionen bewusst wahrnimmt und auf ihre emotionale Balance achtet, kann sie nicht nur glücklicher, sondern auch widerstandsfähiger gegenüber den Herausforderungen des Lebens werden. Ihr **Ikigai**, ihr persönlicher Lebenssinn, wird durch ihre emotionale Gesundheit unterstützt und gefestigt.

Die 5 Grundemotionen im Detail

1. **Freude**: Freude ist vielleicht die angenehmste der Grundemotionen. Sie gibt uns ein Gefühl des Wohlbefindens und motiviert uns, nach positiven Erfahrungen zu suchen. Doch Anna lernt, dass Freude nur dann wirklich wertvoll ist, wenn wir auch die anderen Emotionen erleben. Ohne Traurigkeit wüssten wir Freude nicht zu schätzen, und ohne Angst oder Wut würden wir keine echten Erfolge erleben.
2. **Trauer**: Trauer wird oft als eine „negative" Emotion betrachtet, doch sie ist essenziell für die Verarbeitung von Verlusten. Trauer hilft uns, loszulassen und uns von Dingen, Menschen oder Erfahrungen zu verabschieden. Ohne

Trauer wären wir emotional abgestumpft und unfähig, uns von schwierigen Erfahrungen zu erholen.

3. **Wut**: Wut wird häufig als gefährlich oder unerwünscht angesehen, doch sie ist eine kraftvolle Emotion, die uns aufzeigt, wenn etwas nicht in Ordnung ist. Wut motiviert uns, uns zu wehren und für das einzustehen, was uns wichtig ist. Anna erkennt, dass es in Ordnung ist, wütend zu sein – solange wir lernen, diese Wut konstruktiv zu nutzen.

4. **Angst**: Angst ist eine der ältesten Emotionen der Menschheit. Sie schützt uns vor Gefahren und hilft uns, in unsicheren Situationen vorsichtig zu handeln. Doch in unserer modernen Welt kann Angst auch überhandnehmen und uns blockieren. Anna lernt, dass es nicht darum geht, Angst zu vermeiden, sondern sie zu verstehen und mit ihr umzugehen.

5. **Ekel**: Ekel ist vielleicht die am wenigsten verstandene Emotion, doch sie spielt eine wichtige Rolle beim Schutz unserer Gesundheit. Er schützt uns vor schädlichen Dingen, sowohl körperlich als auch emotional. Ekel warnt uns vor giftigen Substanzen, aber auch vor moralisch „schädlichen" Situationen. Anna beginnt zu erkennen, dass jede Emotion, auch Ekel, ihren Platz hat.

Psychologisches Konzept: Emotionale Intelligenz und der Umgang mit den Grundemotionen

Emotionale Intelligenz ist die Fähigkeit, unsere eigenen Emotionen zu erkennen, zu verstehen und auf gesunde Weise mit ihnen umzugehen. Dazu gehört auch, die **Grundemotionen** zu akzeptieren, anstatt sie zu unterdrücken. Menschen mit hoher emotionaler Intelligenz sind in der Lage, ihre Emotionen zu nutzen, um bessere Entscheidungen zu treffen und in Beziehungen klarer zu kommunizieren.

Eine Studie der *American Psychological Association* zeigt, dass Menschen, die ihre Grundemotionen anerkennen und zulassen, emotional widerstandsfähiger und glücklicher sind. Sie erleben weniger Stress, weil sie sich nicht ständig bemühen, unangenehme Gefühle zu unterdrücken. Anna lernt, dass jede dieser Emotionen, wenn sie richtig verstanden wird, zu einem gesunden und ausgeglichenen Leben beiträgt.

Warum toxische Positivität uns von unseren Grundemotionen trennt

Toxische Positivität hat uns gelehrt, dass nur Freude und Glück wertvolle Emotionen sind, während Trauer, Wut oder Angst vermieden werden sollten. Doch diese einseitige Sichtweise führt dazu, dass wir uns von wichtigen Emotionen abkoppeln und versuchen, uns nur auf das „Gute" zu konzentrieren. Das führt oft zu einem inneren Ungleichgewicht.

Eine Studie der *University of California* fand heraus, dass Menschen, die toxische Positivität praktizieren, häufig Schwierigkeiten haben, negative Emotionen zu erkennen und zu verarbeiten. Sie neigen dazu, diese Emotionen zu verdrängen, was langfristig zu emotionaler Erschöpfung führen kann. Anna erkennt, dass sie viele Jahre versucht hat, negative Emotionen zu ignorieren – doch jetzt lernt sie, dass diese Emotionen genauso wichtig sind wie die positiven.

Praktischer Tipp: Wie du deine 5 Grundemotionen zulässt

Der erste Schritt zu einem gesunden Umgang mit den 5 Grundemotionen ist, sie zu akzeptieren. Hier sind ein paar Ansätze, wie du das in deinem Alltag umsetzen kannst:

1. **Erkenne deine Emotionen bewusst**: Achte darauf, welche Emotionen du in bestimmten Situationen fühlst, ohne sie zu bewerten. Jede Emotion hat ihren Platz und dient einem Zweck.

2. **Erlaube dir, alle Emotionen zu erleben**: Du musst nicht immer glücklich sein. Es ist in Ordnung, traurig, wütend oder ängstlich zu sein. Diese Emotionen sind Teil des menschlichen Erlebens.
3. **Nutze deine Emotionen als Wegweiser**: Jede Emotion gibt dir wertvolle Informationen. Freude zeigt dir, was dich erfüllt, Wut weist auf Ungerechtigkeit hin, und Angst warnt dich vor Gefahren. Nutze diese Hinweise, um Entscheidungen zu treffen.

Warum wir alle Emotionen brauchen

Am Ende versteht Anna, dass sie all diese Emotionen braucht, um vollständig und gesund zu leben. Freude allein reicht nicht aus – sie muss auch Trauer, Wut, Angst und Ekel akzeptieren, um ein ausgeglichenes emotionales Leben zu führen. Jede dieser Emotionen hat ihren eigenen Wert, und gemeinsam helfen sie uns, die Herausforderungen des Lebens zu meistern.

Eine weitere Studie der *Harvard University* zeigt, dass Menschen, die ihre Grundemotionen vollständig akzeptieren, tiefere und erfüllendere Beziehungen führen. Sie sind in der Lage, sich selbst und anderen gegenüber authentisch zu sein, weil sie ihre Emotionen nicht länger verstecken oder unterdrücken.

Fazit: Die 5 Grundemotionen sind der Schlüssel zu einem erfüllten Leben

Am Ende lernt Anna, dass jede der 5 Grundemotionen – Freude, Trauer, Wut, Angst und Ekel – wichtig ist und ihren Platz in unserem Leben hat. Sie beginnt, diese Emotionen nicht länger zu fürchten oder zu verdrängen, sondern sie als wertvolle Wegweiser zu sehen, die ihr helfen, ihr Leben authentischer und bewusster zu leben.

Emotionen als Grundlage des Menschseins

Anna hat bereits viel über emotionale Gesundheit gelernt, aber nun wird ihr klar, dass es noch tiefer geht. Emotionen sind nicht einfach zufällige Reaktionen, sondern die Grundlage unseres gesamten Erlebens. Wir werden mit fünf Grundemotionen geboren, die den Kern unseres emotionalen Lebens bilden: Freude, Trauer, Angst, Wut und Ekel. Diese Emotionen sind universell und beeinflussen, wie wir auf die Welt und unsere Mitmenschen reagieren.

Praktischer Tipp: Mit den fünf Grundemotionen arbeiten

Anna beginnt, bewusster mit ihren Emotionen umzugehen und erkennt, dass jede dieser Grundemotionen eine wichtige Funktion hat. Hier ist eine Übung, die ihr hilft, mit ihren Emotionen zu arbeiten:

1. **Erkenne die Emotion**: Wenn Anna eine starke emotionale Reaktion verspürt, fragt sie sich, welche der fünf Grundemotionen sie gerade erlebt. Ist es Angst? Wut? Trauer? Freude? Ekel?
2. **Akzeptiere die Emotion**: Anstatt gegen die Emotionen zu kämpfen, akzeptiert Anna, dass sie ein natürlicher Teil ihres Erlebens sind. Sie erlaubt sich, die Emotionen zu fühlen, ohne sie sofort verändern zu wollen.

Paul Ekman (1999) identifizierte fünf grundlegende Emotionen, die evolutionär verankert sind und uns helfen, auf die Herausforderungen des Lebens zu reagieren. Diese Emotionen sind universell und treten in allen Kulturen auf. Sie sind das Wesentliche für unsere emotionale Intelligenz, weil sie uns helfen, die Welt zu beherrschen und auf Bedrohungen oder Chancen angemessen zu reagieren.

Reflexionsfrage:

Welche dieser fünf Grundemotionen fällt dir am schwersten zu akzeptieren? Wie könnte es dir helfen, wenn du lernst, diese Emotion als wichtigen Teil deiner emotionalen Landschaft zu sehen?

Ikigai und die fünf Grundemotionen

In der japanischen Philosophie des **Ikigai** wird betont, dass ein sinnerfülltes Leben in Einklang mit den eigenen Emotionen steht. Anna erkennt, dass sie die fünf Grundemotionen nicht unterdrücken oder kontrollieren muss, sondern sie als Kompass nutzen kann. Ihre Emotionen zeigen ihr, was ihr wichtig ist und wo sie Handlungsbedarf hat.

Das Bewusstsein für ihre Grundemotionen hilft Anna, klarer zu erkennen, was sie braucht, um ein ausgeglichenes Leben zu führen. Sie versteht, dass ihre Freude sie auf die Dinge hinweist, die sie liebt, während ihre Angst sie warnt, wenn sie sich zu weit aus ihrer Komfortzone bewegt.

Neurowissenschaftliche Perspektive: Die Grundemotionen im Gehirn

Neurowissenschaftlich betrachtet, sind die fünf Grundemotionen tief im **limbischen System** des Gehirns verankert, insbesondere in der **Amygdala**. Studien von **Phelps und LeDoux (2005)** zeigen, dass die Amygdala eine Schlüsselrolle in der Verarbeitung von Emotionen spielt, insbesondere bei Angst und Wut. Freude hingegen wird mit der Aktivierung des **Belohnungssystems** des Gehirns in Verbindung gebracht, insbesondere mit dem **Nucleus Accumbens**, einem zentralen Teil des Dopamin-Systems.

Für Anna bedeutet das, dass ihre Grundemotionen nicht zufällig auftreten, sondern auf biologischen Prozessen beruhen, die tief in ihrer Natur verankert sind. Diese Erkenntnis hilft ihr, ihre Emotionen besser zu verstehen und zu akzeptieren.

Fallbeispiel: Die Kraft der Grundemotionen

Ein Klient von mir, **Miriam**, hatte Schwierigkeiten, ihre Emotionen zu regulieren, insbesondere ihre Wut. Sie versuchte oft, diese

Emotion zu unterdrücken, was zu innerem Stress und emotionaler Überforderung führte. Durch die Arbeit mit den fünf Grundemotionen lernte Miriam, ihre Wut als Energiequelle zu betrachten, die sie nutzen konnte, um für ihre Bedürfnisse einzustehen, anstatt sie zu unterdrücken. „Es hat mir geholfen, meine Emotionen nicht als Feinde zu betrachten, sondern als Helfer auf meinem Weg," sagte sie.

Praktischer Tipp: Deine Emotionen als Kompass

Anna übt, ihre Emotionen als Kompass zu sehen, der ihr den Weg zu einem erfüllten Leben weist. Hier ist eine Methode, die ihr hilft:

- **Emotionstagebuch führen**: Jeden Tag reflektiert Anna, welche Emotionen sie erlebt hat und was diese Emotionen ihr über ihre Bedürfnisse und Wünsche sagen. Das hilft ihr, besser mit ihren Gefühlen in Kontakt zu bleiben und bewusster auf sie zu reagieren.

Fazit: Die fünf Grundemotionen als Grundlage unseres Lebens

Anna lernt, dass die fünf Grundemotionen der Schlüssel zu einem tieferen Verständnis ihrer selbst und der Welt sind. Indem sie ihre Emotionen nicht unterdrückt, sondern sie als wertvolle Hinweise auf ihre Bedürfnisse und Werte ansieht, kann sie ein authentischeres und erfüllteres Leben führen. Ihr **Ikigai**, ihr persönlicher Lebenssinn, wird klarer, weil sie in Einklang mit ihren Gefühlen lebt.

Kapitel 24

Meine emotionale Reise – Was ich über mich und das Leben gelernt habe

Der Anfang meiner Reise

Als Anna ihre emotionale Reise reflektiert, erinnert sie sich daran, wie alles angefangen hat. Damals glaubte sie, dass sie immer positiv sein müsse, um erfolgreich und glücklich zu werden. Sie hatte sich durch die ständige Flut von „Good Vibes Only"-Botschaften beeinflussen lassen und war davon überzeugt, dass negative Emotionen nur Hindernisse waren, die überwunden werden mussten. Doch nun, nach allem, was sie gelernt hat, sieht sie die Dinge anders.

Der Druck, immer gut gelaunt zu sein, hatte sie dazu gebracht, ihre wahren Gefühle zu unterdrücken. Sie hatte geglaubt, dass Stärke bedeutet, nie traurig oder wütend zu sein. Doch jetzt, nach vielen Erkenntnissen, hat Anna verstanden, dass Stärke viel mehr bedeutet, als nur positiv zu bleiben. Sie erkennt, dass es in Ordnung ist, einen schlechten Tag zu haben und negative Emotionen zuzulassen.

Was ich über Emotionen gelernt habe

In ihrer Reflexion denkt Anna über die vielen Emotionen nach, die sie in den letzten Monaten durchlebt hat. Vor allem die Einsicht, dass jede Emotion – egal ob Freude, Trauer, Wut, Angst oder Ekel – ihren Platz hat, war ein entscheidender Wendepunkt für sie. Sie hat gelernt, dass Emotionen uns helfen, das Leben zu verstehen und besser darauf zu reagieren.

Jede Emotion ist eine Art Wegweiser: Freude zeigt uns, was uns erfüllt, Trauer hilft uns, loszulassen, Wut motiviert uns, für uns selbst einzustehen, Angst warnt uns vor Gefahren, und Ekel schützt uns vor Dingen, die uns schaden könnten. Anna hat erkannt, dass sie all diese Emotionen braucht, um sich weiterzuentwickeln und ein erfülltes Leben zu führen.

Reflexion über die eigene emotionale Reise

Der Tag der Wahrheit war gekommen: Anna blickte auf ihre Reise zurück. Sie hatte sich von jemandem, der von toxischer Positivität überrannt wurde, zu einer Frau entwickelt, die ihre Emotionen akzeptierte und in Balance lebte. Und Klaus? Nun, Klaus blieb Klaus.

„Anna!", rief er eines Tages, als sie gerade dabei war, ihre letzten Gedanken in ein Tagebuch zu schreiben. „Weißt du, was das Wichtigste ist, was wir aus all dem gelernt haben?"

„Was denn, Klaus?" Anna sah ihn an, bereit für eine weitere Weisheit.

„Dass alles immer gut wird, solange du nur daran glaubst!"

Anna schloss ihr Tagebuch und lehnte sich zurück. Sie sah Klaus an, als überlegte sie, ob es sich lohnen würde, ihm zu erklären, dass das nicht die Lektion war, die sie gelernt hatte. Doch sie entschied sich anders.

„Weißt du was, Klaus?", sagte sie mit einem müden Lächeln. „Vielleicht hast du recht. Vielleicht ist das dein Weg."

Und so ging Anna weiter, gereift, klüger und endlich in Frieden mit sich selbst. Klaus hingegen... nun, er würde wohl immer auf der Suche nach der perfekten Affirmation bleiben, die ihm endlich die Erleuchtung bringt.

Die Herausforderungen der toxischen Positivität

Ein zentraler Punkt ihrer Reise war die Erkenntnis, wie tief toxische Positivität in unsere Kultur eingebettet ist. Anna erinnert sich daran, wie oft sie in schwierigen Momenten den Ratschlag „Bleib einfach positiv!" gehört hat. Sie weiß jetzt, dass dieser Rat mehr schaden als helfen kann. Toxische Positivität gibt uns das Gefühl, dass wir unsere negativen Emotionen verstecken müssen, dass sie nicht „erlaubt" sind.

Doch Anna hat gelernt, dass wahre emotionale Gesundheit bedeutet, alle Gefühle zuzulassen, auch die unangenehmen. Sie versteht jetzt, dass das Streben nach ständigem Glück und positiver Energie sie davon abgehalten hat, authentisch zu leben. Sie musste lernen, dass es in Ordnung ist, nicht perfekt zu sein und dass es wichtig ist, auch schwierige Phasen des Lebens anzunehmen.

Wie ich gelernt habe, loszulassen

Ein weiteres wichtiges Thema auf Annas Reise war das Loslassen. Sie hat gelernt, dass es keinen Sinn macht, an unerreichbaren Zielen oder an der Vorstellung festzuhalten, immer stark sein zu müssen. Loslassen bedeutet für Anna nicht mehr, aufzugeben – es bedeutet, sich selbst zu erlauben, nicht immer alles kontrollieren zu müssen.

Früher hätte sie geglaubt, dass es ein Zeichen von Schwäche ist, wenn sie sich von Erwartungen, Projekten oder Beziehungen löst, die ihr nicht guttun. Doch jetzt weiß sie, dass das Loslassen oft der mutigste Schritt ist, den man machen kann. Es erlaubt ihr, Platz für neue, bessere Dinge zu schaffen und sich auf das zu konzentrieren, was wirklich wichtig ist.

Meine neuen Werkzeuge für emotionale Gesundheit

Anna reflektiert darüber, welche Werkzeuge sie auf ihrer Reise entdeckt hat, um mit ihren Emotionen umzugehen. Ein besonders wichtiges Werkzeug ist das **Selbstmitgefühl**. Früher war Anna oft hart zu sich selbst, vor allem, wenn sie das Gefühl hatte, nicht „genug" zu sein. Doch jetzt übt sie sich darin, freundlicher zu sich selbst zu sein und sich zu erlauben, Fehler zu machen. Selbstmitgefühl gibt ihr die Freiheit, sich nicht ständig selbst zu verurteilen, sondern ihre eigenen Bedürfnisse zu erkennen und darauf einzugehen.

Auch das "**Um Hilfe bitten**" ist ein Werkzeug, das Anna inzwischen schätzt. Sie hat verstanden, dass sie nicht alles allein schaffen muss. Ihre emotionalen und sozialen Netzwerke sind ein wichtiger Teil ihrer Gesundheit, und sie hat gelernt, dass es stark ist, sich auf andere zu verlassen.

Was ich über das Leben gelernt habe

Am Ende ihrer Reflexion denkt Anna darüber nach, was sie über das Leben im Allgemeinen gelernt hat. Die wichtigste Erkenntnis für sie ist, dass das Leben nicht perfekt sein muss, um schön zu sein. Es gibt Höhen und Tiefen, und jede Phase hat ihre eigene Bedeutung. Sie hat gelernt, dass es in Ordnung ist, Fehler zu machen, hinzufallen und wieder aufzustehen. Wichtig ist, dass sie sich nicht selbst unter Druck setzt, immer alles richtig zu machen.

Das Leben ist eine Mischung aus Freude und Trauer, aus Erfolg und Scheitern, aus Licht und Schatten. Indem Anna gelernt hat, all diese Aspekte anzunehmen, hat sie eine neue Form der Freiheit und des Friedens gefunden. Sie muss nicht länger nach einem perfekten Leben streben, sondern kann das Leben so nehmen, wie es ist – mit all seinen Facetten.

Fazit: Meine emotionale Reise ist noch nicht zu Ende

Am Ende erkennt Anna, dass ihre emotionale Reise noch lange nicht zu Ende ist. Sie hat viel gelernt, aber das Leben wird immer wieder neue Herausforderungen und neue Lektionen bereithalten. Und das ist in Ordnung. Sie ist bereit, ihre Emotionen weiterhin anzunehmen und zu wachsen – Schritt für Schritt, Tag für Tag.

Die Kunst der Selbstreflexion

Anna sitzt in ihrem Lieblingscafé, schaut aus dem Fenster und lässt die letzten Monate Revue passieren. Sie erkennt, wie viel sie in dieser Zeit über sich selbst gelernt hat. Doch ein Aspekt hat ihr in dieser Reise besonders geholfen: die Selbstreflexion. Durch das bewusste Nachdenken über ihre Gedanken, Emotionen und Handlungen hat sie begonnen, tiefer zu verstehen, wer sie wirklich ist und was sie im Leben möchte. „Warum habe ich das nicht schon früher gemacht?" fragt sich Anna, als sie merkt, wie wichtig es ist, sich selbst regelmäßig zu reflektieren.

Die Psychologie der Selbstreflexion

Selbstreflexion ist eine der mächtigsten Techniken zur persönlichen Weiterentwicklung. **John Dewey (1933)**, ein einflussreicher Philosoph und Pädagoge, betonte, dass Reflexion der bewusste und systematische Prozess ist, durch den wir aus unseren Erfahrungen lernen. Es geht nicht nur darum, auf das Vergangene zurückzublicken, sondern auch darum, die Erkenntnisse daraus in die Gegenwart und Zukunft zu übertragen.

Studien zeigen, dass Menschen, die regelmäßig reflektieren, besser in der Lage sind, ihre Emotionen zu steuern, ihre Ziele klarer zu erkennen und fundiertere Entscheidungen zu treffen. Laut **Grant et al. (2002)** fördert Selbstreflexion nicht nur das persönliche Wachstum, sondern auch die emotionale Intelligenz, da sie uns hilft, unsere inneren Beweggründe besser zu verstehen.

Praktischer Tipp: Selbstreflexion im Alltag

Anna beginnt, regelmäßig Selbstreflexion in ihren Alltag einzubauen. Hier ist eine Methode, die ihr hilft, sich selbst besser zu verstehen:

1. **Tägliche Reflexion**: Jeden Abend nimmt sich Anna 10 Minuten Zeit, um ihren Tag zu reflektieren. Sie fragt sich: „Was habe ich heute gefühlt? Was habe ich gelernt? Wo möchte ich mich weiterentwickeln?"
2. **Offene Fragen stellen**: Anstatt sich selbst zu verurteilen, stellt Anna offene Fragen, die ihr helfen, neugierig auf sich selbst zu bleiben, anstatt sich mit Schuld oder Kritik zu beladen.

Eine Studie von Schön (1983) hebt hervor, dass reflektierende Praxis entscheidend für persönliches Wachstum ist. Menschen, die sich regelmäßig Zeit nehmen, um über ihre Erfahrungen nachzudenken, sind besser in der Lage, ihre emotionalen Reaktionen zu verstehen und ihre Handlungen gezielt zu verändern. Selbstreflexion fördert emotionale Intelligenz und langfristiges Lernen.

Reflexionsfrage:

Wann hast du das letzte Mal über deine emotionale Reise nachgedacht? Was hast du über dich selbst gelernt, und wie könntest du dieses Wissen nutzen, um in Zukunft anders zu handeln?

Ikigai und Selbstreflexion

Im Konzept des **Ikigai** spielt Selbstreflexion eine zentrale Rolle. Anna erkennt, dass sie nur dann ihren wahren Lebenssinn finden kann, wenn sie regelmäßig inne hält und darüber nachdenkt, was sie wirklich erfüllt. Ihr Ikigai ist nicht in Stein gemeißelt – es entwickelt sich mit ihr, und Selbstreflexion hilft ihr, auf ihrem Weg zu bleiben.

Selbstreflexion ermöglicht es Anna, bewusster zu leben und die Entscheidungen zu treffen, die sie ihrem Ikigai näher bringen. Sie erkennt, dass die Zeit, die sie sich für die Reflexion nimmt, eine Investition in ihr eigenes Wohlbefinden ist.

Neurowissenschaftliche Perspektive: Die Kraft der Reflexion

Neurowissenschaftlich betrachtet aktiviert Selbstreflexion den **präfrontalen Kortex,** der für komplexes Denken, Entscheidungsfindung und Selbstkontrolle zuständig ist. Untersuchungen von **Siegel (2012)** zeigen, dass regelmäßige Selbstreflexion die neuronale Plastizität fördert und uns hilft, flexibler und widerstandsfähiger zu werden.

Für Anna bedeutet das, dass Selbstreflexion nicht nur eine mentale Übung ist, sondern auch ihr Gehirn trainiert. Sie stärkt ihre Fähigkeit, aus Erfahrungen zu lernen und neue Perspektiven zu entwickeln.

Fallbeispiel: Die Kraft der Selbstreflexion

Ein Klient von mir, **Lisa,** war jahrelang in einem stressigen Job gefangen und fühlte sich emotional ausgelaugt. Doch durch die regelmäßige Selbstreflexion begann sie, ihre Prioritäten klarer zu erkennen. Sie lernte, was sie wirklich wollte, und entschied sich schließlich, ihren Job zu wechseln und einen beruflichen Weg einzuschlagen, der sie mehr erfüllte. „Die Reflexion hat mir geholfen, den Mut zu finden, mein Leben neu zu gestalten," sagte sie.

Praktischer Tipp: Wie du Selbstreflexion in dein Leben integrierst

Anna übt, regelmäßig Selbstreflexion in ihren Alltag zu integrieren. Hier ist eine einfache Übung:

* **Reflexionstagebuch führen**: Schreibe jeden Tag drei Dinge auf, die du über dich selbst gelernt hast. Diese einfache Praxis hilft dir, kontinuierlich zu wachsen und bewusster mit deinen Zielen und Wünschen umzugehen.

Fazit: Selbstreflexion als Reise zu dir selbst

Anna lernt, dass Selbstreflexion der Schlüssel zu einem bewussteren und erfüllteren Leben ist. Indem sie regelmäßig über ihre Emotionen, Handlungen und Ziele nachdenkt, kann sie ihren Lebenssinn klarer erkennen und bewusster entscheiden, wie sie ihr Leben gestalten möchte. Ihr **Ikigai** wird durch die Reflexion gestärkt, weil sie sich immer wieder die Frage stellt: „Bin ich auf dem richtigen Weg?"

Die Kraft der Selbstreflexion

Nachdem Anna auf ihrer emotionalen Reise so viel über sich selbst gelernt hat, stellt sie fest, dass das Leben nicht nur aus Erkenntnissen besteht, sondern auch aus der praktischen Anwendung. Sie beginnt zu verstehen, dass sie Werkzeuge und Strategien braucht, um im Alltag emotional ausgewogen zu bleiben. Es geht nicht darum, nie wieder Schwierigkeiten zu erleben, sondern darum, gesunde Wege zu finden, um mit den Höhen und Tiefen des Lebens umzugehen.

Der erste wichtige Schritt, den Anna auf diesem Weg erkennt, ist die **Selbstreflexion**. Durch regelmäßige Reflexion kann sie ihre Gefühle und Reaktionen besser verstehen. Sie beginnt, sich bewusst Zeit zu nehmen, um zu überlegen, warum sie sich auf eine bestimmte Art und Weise fühlt und was sie daraus lernen kann. Für Anna ist es entscheidend, innezuhalten und zu reflektieren, anstatt ihre Gefühle einfach zu übergehen.

1. Journaling – Deine Emotionen auf Papier bringen

Ein Werkzeug, das Anna besonders hilfreich findet, ist das **Journaling**. Indem sie ihre Gedanken und Gefühle aufschreibt, kann sie nicht nur Klarheit gewinnen, sondern auch ihre Emotionen verarbeiten. Das Schreiben hilft ihr, die Tiefe ihrer Gefühle zu erkunden und Muster zu erkennen, die sie sonst vielleicht übersehen hätte.

Anna entdeckt, dass sie durch das Journaling besser versteht, warum bestimmte Situationen oder Menschen bestimmte Emotionen in ihr auslösen. Sie beginnt, regelmäßig Tagebuch zu führen, um ihre innere Welt zu ordnen und sich selbst besser zu verstehen. Das Journaling hilft ihr, sich nicht von ihren Emotionen überwältigen zu lassen, sondern sie auf eine gesunde Art und Weise zu verarbeiten.

Tipp: Nimm dir jeden Tag ein paar Minuten Zeit, um deine Gedanken und Gefühle aufzuschreiben. Du musst keinen perfekten Text verfassen – es geht darum, deine inneren Zustände zu erkunden und dir Raum zu geben, ehrlich mit dir selbst zu sein.

2. Achtsamkeit – Im Moment bleiben

Ein weiteres Werkzeug, das Anna hilft, ist die **Achtsamkeit**. Sie lernt, im Moment zu bleiben, anstatt ständig in Gedanken über die Vergangenheit oder die Zukunft zu schwelgen. Achtsamkeit bedeutet für sie, ihre Gefühle und Gedanken ohne Bewertung wahrzunehmen – einfach nur zu beobachten, was in ihr vorgeht, ohne es zu analysieren oder zu bewerten.

Indem Anna regelmäßig Achtsamkeitsübungen macht, lernt sie, ihre Emotionen besser zu regulieren. Sie merkt, dass es ihr leichter fällt, negative Gefühle zuzulassen, wenn sie sie einfach beobachtet, anstatt sie zu verdrängen. Durch diese Praxis wird sie sich bewusst, dass Emotionen kommen und gehen – und dass sie nicht die Kontrolle über ihr Leben übernehmen müssen.

Tipp: Probiere eine einfache Achtsamkeitsübung aus, indem du für ein paar Minuten deine Atmung beobachtest. Versuche, dich auf den Moment zu konzentrieren und lass deine Gedanken und Gefühle einfach vorüberziehen, ohne dich in ihnen zu verlieren.

3. Soziale Unterstützung – Hilfe annehmen

Anna hat gelernt, dass es stark ist, um Hilfe zu bitten. Ein weiteres wichtiges Werkzeug auf ihrem Weg zu emotionalem Gleichgewicht ist die **soziale Unterstützung**. Sie erkennt, wie wichtig es ist, sich auf ihre Freunde, Familie oder Kollegen verlassen zu können. Anna weiß jetzt, dass sie nicht alles allein bewältigen muss – und dass es ihr guttut, sich mit Menschen zu umgeben, die sie unterstützen.

Durch offene Gespräche über ihre Emotionen stärkt Anna nicht nur ihre eigenen Beziehungen, sondern fühlt sich auch weniger isoliert. Sie merkt, dass sie durch den Austausch mit anderen neue Perspektiven gewinnt und ihre Emotionen besser verstehen kann. Soziale Unterstützung ist für Anna ein wertvolles Werkzeug, um emotional in Balance zu bleiben.

Tipp: Überlege, mit wem du über deine Gefühle sprechen kannst. Scheue dich nicht davor, um Unterstützung zu bitten oder dich anderen zu öffnen – das ist ein Zeichen von emotionaler Reife und Stärke.

4. Selbstmitgefühl – Freundlich zu sich selbst sein

Eines der kraftvollsten Werkzeuge, das Anna auf ihrer Reise entdeckt hat, ist das **Selbstmitgefühl**. Früher war Anna oft hart zu sich selbst, besonders wenn sie das Gefühl hatte, nicht genug zu sein. Doch sie hat gelernt, dass es wichtig ist, freundlich und verständnisvoll mit sich selbst umzugehen – insbesondere in schwierigen Zeiten.

Selbstmitgefühl bedeutet für Anna, sich selbst so zu behandeln, wie sie einen guten Freund behandeln würde. Anstatt sich zu verurteilen, wenn sie einen Fehler macht oder eine schwierige Phase durchlebt, übt sie sich darin, sich selbst Trost und Unterstützung zu geben. Diese innere Freundlichkeit hilft Anna, sich emotional gestärkt zu fühlen und nicht in Selbstkritik zu verfallen.

Tipp: Übe Selbstmitgefühl, indem du dir selbst in schwierigen Momenten Zuspruch gibst. Frage dich: „Was würde ich meinem besten Freund in dieser Situation sagen?" und wende dieselbe Freundlichkeit auf dich selbst an.

5. Emotionale Akzeptanz – Alle Gefühle zulassen

Ein zentrales Werkzeug, das Anna auf ihrem Weg entdeckt hat, ist die **emotionale Akzeptanz**. Sie weiß jetzt, dass es in Ordnung ist, alle Emotionen zu erleben – auch die unangenehmen. Indem sie ihre negativen Gefühle zulässt, anstatt sie zu verdrängen, findet Anna mehr emotionales Gleichgewicht und innere Ruhe.

Emotionale Akzeptanz bedeutet, dass Anna ihre Emotionen nicht mehr als „gut" oder „schlecht" bewertet. Sie versteht, dass jede Emotion wichtig ist und einen Zweck erfüllt. Indem sie ihre Gefühle akzeptiert, lernt sie, auf gesunde Weise mit ihnen umzugehen, anstatt sich von ihnen überwältigen zu lassen.

Tipp: Wenn du eine starke Emotion erlebst, halte inne und nimm sie wahr, ohne sie sofort zu bewerten oder ändern zu wollen. Frage dich: „Was sagt mir diese Emotion?" und lasse sie zu, ohne dagegen anzukämpfen.

Fazit: Emotionale Werkzeuge für ein ausgewogenes Leben

Am Ende erkennt Anna, dass sie viele wertvolle Werkzeuge für ihre emotionale Gesundheit gefunden hat. Sie hat gelernt, dass es nicht darum geht, immer glücklich oder positiv zu sein, sondern darum, alle Emotionen zu akzeptieren und mit ihnen zu arbeiten. Mit diesen Werkzeugen fühlt sich Anna bereit, den Herausforderungen des Lebens zu begegnen – mit Offenheit, Selbstmitgefühl und emotionaler Stärke.

Kapitel 25

Selbstmitgefühl – Dein treuer Begleiter in stürmischen Zeiten

Warum Selbstmitgefühl so wichtig ist

Anna hat gelernt, dass emotionale Gesundheit und Selbstfürsorge nicht nur aus klaren Grenzen und Reflexion bestehen, sondern auch aus einer ganz besonderen Fähigkeit: Selbstmitgefühl. Wir sind oft unsere größten Kritiker, doch Selbstmitgefühl ist die Kunst, in schwierigen Momenten freundlich und liebevoll zu sich selbst zu sein, anstatt sich zu verurteilen. Anna beginnt zu verstehen, dass sie sich in ihren schwierigsten Momenten selbst zur Seite stehen muss – wie ein guter Freund, der immer da ist, egal was passiert.

Die Psychologie des Selbstmitgefühls

Kristin Neff (2003), die Pionierin auf dem Gebiet des Selbstmitgefühls, erklärt, dass Selbstmitgefühl in drei Komponenten unterteilt ist:

1. **Selbstfreundlichkeit**: Anstatt sich für Fehler oder Unzulänglichkeiten zu kritisieren, behandeln Menschen mit Selbstmitgefühl sich selbst mit Verständnis und Fürsorge.
2. **Gemeinsame Menschlichkeit**: Diese Komponente erinnert uns daran, dass Fehler und Leid Teil des menschlichen Daseins sind. Wir sind nicht allein in unseren Herausforderungen.
3. **Achtsamkeit**: Selbstmitgefühl bedeutet auch, unsere negativen Gefühle zu erkennen und zu akzeptieren, ohne sie zu unterdrücken oder zu übertreiben.

Studien von **Neff und Germer (2013)** zeigen, dass Menschen, die Selbstmitgefühl praktizieren, resilienter sind und weniger unter Stress, Angst und Depressionen leiden. Für Anna bedeutet das, dass sie in schwierigen Zeiten lernen muss, sich selbst genauso freundlich zu behandeln, wie sie es mit einem guten Freund tun würde.

Praktischer Tipp: Wie du Selbstmitgefühl entwickelst

Anna beginnt, Selbstmitgefühl in ihren Alltag zu integrieren. Hier ist eine einfache Übung, die ihr dabei hilft:

1. **Selbstfreundlich sprechen**: In schwierigen Momenten fragt sich Anna: „Wie würde ich mit einem Freund sprechen, der das Gleiche durchmacht?" Sie wendet dieselbe Freundlichkeit auf sich selbst an.
2. **Schwierigkeiten akzeptieren**: Wenn Anna mit Herausforderungen konfrontiert ist, erinnert sie sich daran, dass Schwierigkeiten Teil des Lebens sind und dass sie nicht allein ist. Das hilft ihr, ihre Emotionen zu relativieren.

Ikigai und Selbstmitgefühl

Selbstmitgefühl spielt auch im **Ikigai** eine zentrale Rolle. Anna erkennt, dass sie nur dann ihr volles Potenzial entfalten kann, wenn sie sich selbst gegenüber geduldig und freundlich ist. Ihr Ikigai, der tiefe Sinn ihres Lebens, wird durch Selbstmitgefühl gestärkt, weil sie lernt, nicht perfekt sein zu müssen, um wertvoll zu sein.

Durch Selbstmitgefühl kann Anna besser auf sich achten, besonders in Zeiten, in denen sie sich überfordert fühlt oder Fehler macht. Sie erkennt, dass der Weg zu einem sinnerfüllten Leben nicht über Selbstkritik, sondern über Selbstakzeptanz und Freundlichkeit führt.

Neurowissenschaftliche Perspektive: Selbstmitgefühl und das Gehirn

Neurowissenschaftlich gesehen aktiviert Selbstmitgefühl das **parasympathische Nervensystem**, das für Ruhe und Erholung zuständig ist. Studien von **Rockliff et al. (2008)** zeigen, dass Selbstmitgefühl das Stressniveau senkt und die Produktion von **Oxytocin** – dem Bindungs- und Wohlfühlhormon – steigert. Dies hilft, emotionale Erholung zu fördern und das Gehirn in stressigen Momenten zu beruhigen.

Für Anna bedeutet das, dass Selbstmitgefühl nicht nur ihr emotionales Wohlbefinden verbessert, sondern auch ihr Gehirn dabei unterstützt, sich von schwierigen Situationen zu erholen und neue Kraft zu schöpfen.

Fallbeispiel: Der heilende Effekt des Selbstmitgefühls

Ein Klient von mir, **Tom**, war oft extrem hart zu sich selbst, besonders wenn er Fehler machte. Er neigte dazu, sich selbst zu verurteilen und hatte das Gefühl, dass er ständig versagen würde. Doch durch die Praxis des Selbstmitgefühls lernte Tom, sanfter mit sich selbst umzugehen. „Ich habe endlich verstanden, dass ich mich nicht immer selbst bestrafen muss, um weiterzukommen," sagte er. Heute ist er emotional ausgeglichener und kann besser mit Herausforderungen umgehen.

Praktischer Tipp: Selbstmitgefühl im Alltag anwenden

Anna übt, Selbstmitgefühl in ihren Alltag zu integrieren. Hier ist eine Methode, die ihr hilft:

- **Selbstmitgefühls-Mantra**: In schwierigen Momenten erinnert sich Anna daran, dass sie nicht perfekt sein muss und sagt sich: „Ich bin menschlich, und Fehler gehören dazu. Ich werde freundlich zu mir selbst sein."

Fazit: Selbstmitgefühl als Schlüssel zu innerer Stärke

Anna lernt, dass Selbstmitgefühl kein Zeichen von Schwäche ist – im Gegenteil, es ist ein Zeichen von innerer Stärke. Indem sie lernt, freundlich zu sich selbst zu sein, auch in schwierigen Momenten, stärkt sie nicht nur ihre emotionale Gesundheit, sondern kommt ihrem **Ikigai**, ihrem Lebenssinn, näher. Denn nur wenn sie sich selbst akzeptiert und liebevoll behandelt, kann sie ihr volles Potenzial entfalten.

Kapitel 26

Das große Quiz – Wie oft praktizierst du unbewusst toxische Positivität?

Ein humorvoller Selbsttest

Nachdem Anna ihre Reise durch die Tiefen und Höhen der Emotionen gemacht hat, fragt sie sich: Wie oft hat sie eigentlich unbewusst toxische Positivität angewendet? Es ist leicht, sich von positiven Phrasen blenden zu lassen, ohne zu merken, dass man seine eigenen negativen Gefühle unterdrückt. Doch Anna weiß jetzt, dass es nicht darum geht, immer positiv zu bleiben, sondern auch die schwierigen Emotionen anzunehmen. Mit einem Augenzwinkern hat sie ein Quiz entwickelt, das Leser*innen helfen soll, zu erkennen, wie oft sie unbewusst in die Falle der toxischen Positivität tappen.

Wie sehr lebst du schon im toxischen „Lächel-Modus"?

Lass uns herausfinden, wie oft du unbewusst in die Falle der toxischen Positivität tappst! Mach dich bereit für ein humorvolles, aber ehrliches Selbstexperiment. Sei bereit, über dich selbst zu schmunzeln – und ja, auch über diese unsäglichen „Alles wird gut"-Momente!

Frage 1:

Eine Freundin erzählt dir, dass sie ihren Job verloren hat und sich absolut verzweifelt fühlt. Deine erste Reaktion ist:

- A) „Das ist eine großartige Gelegenheit, endlich deinem Traum zu folgen!"
- B) „Alles passiert aus einem Grund!"
- C) „Lass uns erstmal ordentlich weinen und dann Pizza bestellen. Ich bringe Schokolade mit."

Frage 2:

Du hast gerade dein Handy in die Toilette fallen lassen. Was geht dir durch den Kopf?

- A) „Na ja, wenigstens wird es jetzt mal gründlich sauber."
- B) „Das Universum wollte mir wohl eine Pause von der Technologie gönnen!"
- C) „Ich hoffe, ich habe genug Reis. Und Wein. Viel Wein."

Frage 3:

Ein Kollege bricht in Tränen aus, weil das Projekt, an dem er gearbeitet hat, in die Hose ging. Du sagst:

- A) „Du musst einfach daran glauben, dann wird es nächstes Mal besser!"
- B) „Alles passiert aus einem Grund!" (Ernsthaft, das ist dein Go-to-Spruch, oder?)
- C) „Ich schätze, wir könnten den Chef mit Schokolade bestechen. Oder einfach abhauen. Beides klingt gut."

Frage 4:

Es regnet in Strömen und du hast keinen Schirm. Was denkst du?

- A) „Regen bedeutet Wachstum! Ich wachse also innerlich. Und äußerlich. Und... meine Frisur nicht."
- B) „Das Universum will mir sicher nur zeigen, dass ich zu lange nicht in der Natur war."
- C) „Ehrlich, Wettergott? Wirklich? Könnte es nicht wenigstens Glitzer regnen?"

Frage 5:

Dein bester Freund sagt dir, dass er sich emotional ausgebrannt fühlt. Deine Antwort:

- A) „Ach komm, wir sollten uns nur auf die positiven Dinge konzentrieren!"
- B) „Du weißt, was dich glücklich macht! Folge einfach deinem Herzen, das wird schon wieder."
- C) „Ich bringe eine Decke, Schokolade und Netflix. Wir reden dann, wenn du bereit bist."

Frage 6:

Du wachst morgens auf, fühlst dich völlig erschlagen und hast keine Lust auf den Tag. Deine innere Stimme sagt:

- A) „Zeit, die Welt zu erobern! Kaffee rein, Lächeln aufsetzen!"
- B) „Positiv denken! Ein toller Tag fängt mit einer tollen Einstellung an!"
- C) „Es gibt keine Regel, die besagt, dass ich nicht im Bett bleiben und 18 Folgen meiner Lieblingsserie schauen darf."

Die Auswertung

0–2 „C"-Antworten: Dein innerer „Toxische Positivität"-Detektor ist verdächtig ruhig!
Du bist offenbar ein Profi im Umgang mit deinen Gefühlen und denen anderer. Du erlaubst dir und anderen Raum für alle Emotionen und verstehst, dass manchmal ein schlechtes Gefühl einfach nur da sein muss – und das ist okay! Bonuspunkte, wenn du Pizza als Therapieform akzeptierst.

3–4 „C"-Antworten: Du steckst irgendwo zwischen „Alles wird gut" und „Warum eigentlich nicht heulen?"
Du neigst dazu, ab und zu in die Falle der toxischen Positivität zu tappen, aber du hast Momente der Klarheit, in denen du erkennst, dass nicht alles rosa glitzern muss. Dein Verhältnis zu echten

Emotionen ist ziemlich gesund, und ab und zu erlaubst du dir auch mal, dich in einer Decke einzurollen und die Welt zu ignorieren.

5–6 „C"-Antworten: Herzlichen Glückwunsch, du bist ein echter Realist mit einem Hauch von Galgenhumor!
Du hast absolut verstanden, dass das Leben chaotisch, unvorhersehbar und oft nicht besonders nett ist – und das ist für dich vollkommen in Ordnung. Du schenkst deinen Gefühlen die Aufmerksamkeit, die sie verdienen, und weißt, wann du die toxische Positivität an der Tür abweisen musst. In deinen Augen ist Pizza und Schokolade die wahre Antwort auf alles – und da hast du absolut recht.

Kapitel 27

Nachhaltige emotionale Gesundheit – Wie du langfristig in Balance bleibst

Ein emotionales Leben in Balance

Anna hat viel über ihre Emotionen gelernt und wie sie toxische Positivität überwinden kann. Doch nun stellt sich die Frage: Wie kann sie das Gelernte langfristig in ihr Leben integrieren? Denn es reicht nicht, einmal zu erkennen, dass es okay ist, traurig, wütend oder frustriert zu sein. Es geht darum, langfristig eine gesunde emotionale Balance zu finden – und diese aufrechtzuerhalten.

Nachhaltige emotionale Gesundheit bedeutet, dass wir nicht nur in Krisenzeiten, sondern auch im Alltag bewusst mit unseren Gefühlen umgehen. Anna hat gelernt, dass es keinen „Endpunkt" in der emotionalen Reise gibt – sie ist ein ständiger Prozess, der Pflege und Achtsamkeit erfordert.

1. Regelmäßige Selbstreflexion als Teil des Alltags

Eines der wichtigsten Werkzeuge, das Anna langfristig anwenden will, ist die regelmäßige **Selbstreflexion**. Sie hat erkannt, dass es nicht nur in schwierigen Zeiten wichtig ist, innezuhalten und sich mit ihren Emotionen auseinanderzusetzen, sondern dass es auch im Alltag helfen kann, sich selbst besser zu verstehen.

Anna plant, sich mindestens einmal pro Woche Zeit zu nehmen, um über ihre Woche, ihre Gefühle und ihre Reaktionen auf bestimmte Ereignisse nachzudenken. Diese Praxis hilft ihr, Muster zu erkennen, bevor sie überwältigt wird, und gibt ihr die Möglichkeit, sich bewusst auf ihre emotionale Gesundheit zu konzentrieren.

Tipp: Finde eine Zeit in der Woche, die du nur für dich nutzt. Du könntest dir Fragen stellen wie: „Was hat mich diese Woche emotional beschäftigt?" oder „Wie habe ich auf Herausforderungen reagiert?" Je öfter du reflektierst, desto bewusster wirst du für deine eigenen emotionalen Muster.

2. Emotionale Notfallpläne für schwierige Zeiten

Anna weiß, dass es immer wieder schwierige Zeiten geben wird – das gehört zum Leben dazu. Deshalb plant sie, emotionale Notfallpläne zu erstellen. Diese Pläne helfen ihr, in stressigen oder belastenden Phasen nicht in alte Muster zurückzufallen und ihre Emotionen zu ignorieren oder zu verdrängen. Stattdessen entwickelt sie Strategien, um besser auf ihre Gefühle reagieren zu können, wenn die Zeiten hart werden.

Ein solcher Notfallplan könnte beinhalten, eine Vertrauensperson anzurufen, wenn sie sich überfordert fühlt, oder sich bewusst eine Pause zu gönnen, um ihre Emotionen zu ordnen. Der Schlüssel ist, vorbereitet zu sein und zu wissen, welche Schritte sie unternehmen kann, um sich in schwierigen Momenten zu stabilisieren.

Tipp: Erstelle einen emotionalen Notfallplan, den du griffbereit hast, wenn du ihn brauchst. Überlege, welche Aktivitäten oder Personen dir helfen könnten, wieder in Balance zu kommen, wenn du emotional überwältigt bist.

3. Pflege sozialer Verbindungen

Ein weiterer wichtiger Punkt für Anna ist die Pflege ihrer **sozialen Verbindungen**. Sie hat gelernt, dass es in Ordnung ist, um Hilfe zu bitten und dass ihre Beziehungen eine entscheidende Rolle in ihrer emotionalen Gesundheit spielen. Doch wie alle guten Dinge im Leben müssen auch Beziehungen gepflegt werden.

Anna stellt sich bewusst die Frage: Mit welchen Menschen fühle ich mich emotional verbunden? Wer gibt mir das Gefühl, mich so akzeptieren zu können, wie ich bin? Sie entscheidet sich, regelmäßig Zeit in diese Beziehungen zu investieren – sei es durch Gespräche, gemeinsame Erlebnisse oder einfach dadurch, dass sie sich gegenseitig zuhören und unterstützen.

Tipp: Nimm dir regelmäßig Zeit für die Menschen, die dir wichtig sind. Emotional gesunde Beziehungen sind nicht nur für Krisenzeiten da – sie sind ein fester Bestandteil eines erfüllten Lebens.

4. Selbstmitgefühl als tägliche Praxis

Ein weiteres nachhaltiges Werkzeug, das Anna weiter pflegen möchte, ist das **Selbstmitgefühl**. Sie hat erkannt, dass Selbstmitgefühl nicht nur in schwierigen Momenten wichtig ist, sondern auch im Alltag praktiziert werden sollte. Indem sie sich selbst mit Freundlichkeit und Verständnis begegnet, anstatt sich zu verurteilen, kann sie eine gesunde emotionale Basis schaffen.

Anna lernt, sich kleine „Selbstmitgefühls-Momente" im Alltag zu gönnen. Das kann so einfach sein wie ein positiver innerer Dialog, wenn sie sich gestresst fühlt, oder eine kleine Auszeit, um sich selbst etwas Gutes zu tun. Diese kleinen Akte der Selbstfreundlichkeit helfen ihr, langfristig in Balance zu bleiben.

Tipp: Übe täglich Selbstmitgefühl, indem du dir in stressigen Momenten Pausen gönnst und dir innerlich Zuspruch gibst. Erinnere dich daran, dass du nicht perfekt sein musst, um wertvoll zu sein.

5. Das emotionale Spektrum akzeptieren

Schließlich hat Anna gelernt, dass das Leben ein emotionales Spektrum ist und dass es keine „guten" oder „schlechten" Gefühle gibt. Sie akzeptiert, dass es Zeiten der Freude, aber auch Zeiten der Trauer oder Angst geben wird – und dass das in Ordnung ist.

Nachhaltige emotionale Gesundheit bedeutet für sie, alle Emotionen zu akzeptieren und ihnen Raum zu geben, anstatt sich auf das Streben nach einem dauerhaften Glück zu fixieren.

Anna sieht ihre Emotionen als eine Art inneres Wetter: Manchmal scheint die Sonne, manchmal regnet es – und beide Zustände sind notwendig. Indem sie sich nicht länger von der toxischen Idee leiten lässt, dass sie immer glücklich sein muss, findet Anna einen tieferen Frieden.

Tipp: Akzeptiere deine Emotionen, wie sie sind. Manchmal wirst du dich gut fühlen, manchmal nicht – und das ist vollkommen normal. Emotionale Gesundheit bedeutet, alle Gefühle zuzulassen, anstatt nur nach den positiven zu streben.

Fazit: Nachhaltige emotionale Gesundheit bedeutet ständige Pflege

Am Ende versteht Anna, dass emotionale Gesundheit kein Endziel ist, sondern eine ständige Reise. Es geht darum, bewusst mit den eigenen Gefühlen umzugehen, sich regelmäßig Zeit für sich selbst zu nehmen und die sozialen Verbindungen zu pflegen, die ihr Halt geben. Indem sie diese Werkzeuge in ihren Alltag integriert, ist Anna bereit, langfristig in Balance zu bleiben – nicht durch ständige Positivität, sondern durch die Akzeptanz aller Emotionen.

Der Weg der emotionalen Gesundheit endet nie

Anna hat auf ihrer Reise zur Selbstfürsorge, Selbstakzeptanz und emotionalen Gesundheit viel gelernt. Doch eine Sache wird ihr nun besonders klar: Emotionale Gesundheit ist kein Ziel, das man einmal erreicht und dann abhakt. Es ist ein fortlaufender Prozess, der sich mit dem Leben weiterentwickelt. Es wird immer Höhen und Tiefen geben, und das ist völlig in Ordnung. Die wahre Stärke liegt darin, mit sich selbst geduldig zu sein und sich immer wieder neu auszurichten.

Die Psychologie der nachhaltigen emotionalen Gesundheit

Emotionale Gesundheit ist kein statischer Zustand, sondern ein dynamischer Prozess. **Martin Seligman (2011)**, einer der Begründer der Positiven Psychologie, betont, dass nachhaltiges Wohlbefinden nicht nur durch flüchtige Glücksmomente entsteht, sondern durch das regelmäßige Pflegen von Resilienz, positiven Beziehungen, Sinnhaftigkeit und dem Gefühl der Erfüllung.

Für Anna bedeutet das, dass emotionale Gesundheit wie ein Muskel ist, den sie kontinuierlich trainieren muss. Es geht nicht darum, immer perfekt zu sein, sondern die richtigen Werkzeuge zu entwickeln, um auch in schwierigen Zeiten stabil zu bleiben. Nachhaltige emotionale Gesundheit erfordert regelmäßige Selbstfürsorge, Reflexion und die Bereitschaft, sich selbst Raum für Entwicklung zu geben.

Praktischer Tipp: Wie du nachhaltige emotionale Gesundheit pflegst

Anna integriert neue Routinen in ihren Alltag, um ihre emotionale Gesundheit langfristig zu pflegen. Hier sind einige Strategien, die ihr helfen:

1. **Kontinuierliche Selbstreflexion**: Anna setzt sich regelmäßig hin, um über ihre emotionale Gesundheit nachzudenken. Sie stellt sich Fragen wie: „Wie geht es mir wirklich? Welche Bedürfnisse habe ich?"
2. **Flexibilität im Umgang mit Emotionen**: Anstatt starr zu versuchen, ihre Emotionen zu kontrollieren, erlaubt sich Anna, flexibel auf ihre emotionalen Zustände zu reagieren und sich Raum für spontane Erholung oder Freude zu geben.

Ikigai und nachhaltige emotionale Gesundheit

Auch im **Ikigai** spielt Nachhaltigkeit eine große Rolle. Anna versteht nun, dass emotionale Gesundheit und der Lebenssinn sich kontinuierlich entwickeln. Ihr Ikigai ist kein fixes Ziel, sondern ein Weg, der sich je nach ihren Erfahrungen, Werten und Lebensumständen anpasst. Durch diese Einsicht lernt Anna, sich nicht von vorübergehenden Rückschlägen entmutigen zu lassen, sondern sie als Teil ihrer Reise zu akzeptieren.

Nachhaltige emotionale Gesundheit bedeutet für Anna, immer wieder neu zu definieren, was ihr wirklich wichtig ist und wie sie ihre Energie so einsetzen kann, dass sie in Einklang mit ihren Werten und ihrem Lebenssinn bleibt.

Neurowissenschaftliche Perspektive: Nachhaltige emotionale Gesundheit und das Gehirn

Neurowissenschaftlich betrachtet erfordert nachhaltige emotionale Gesundheit eine ständige Anpassung des Gehirns. Studien von **Davidson (2000)** zeigen, dass das Gehirn durch **Neuroplastizität** in der Lage ist, sich ständig neu zu organisieren und anzupassen, wenn wir bewusst an unserer emotionalen Gesundheit arbeiten.

Für Anna bedeutet das, dass sie durch regelmäßige Praxis – sei es durch Selbstreflexion, Meditation oder Selbstmitgefühl – ihrem Gehirn hilft, langfristig widerstandsfähiger zu werden. Sie lernt, dass der Prozess der emotionalen Gesundheit nie endet, sondern eine lebenslange Reise ist, bei der sie immer wieder neue Erkenntnisse gewinnen kann.

Fallbeispiel: Die Reise zur nachhaltigen emotionalen Gesundheit

Ein Klient von mir, **Laura**, erlebte emotionale Erschöpfung nach Jahren der intensiven beruflichen und persönlichen Belastungen.

Durch kontinuierliche Arbeit an ihrer emotionalen Gesundheit – sei es durch das Setzen von Grenzen, Selbstmitgefühl oder regelmäßige Pausen – fand sie zurück zu einem stabileren und ausgeglicheneren Lebensstil. „Es ist ein Marathon, kein Sprint," sagte sie, als sie erkannte, dass emotionale Gesundheit kein einmaliger Prozess ist.

Praktischer Tipp: Langfristige Strategien für emotionale Gesundheit

Anna übt, nachhaltige emotionale Gesundheit zu pflegen, indem sie langfristige Strategien anwendet:

- **Regelmäßige Auszeiten nehmen**: Anna plant regelmäßige Pausen ein, um sich körperlich und emotional zu erholen. Diese bewussten Pausen helfen ihr, sich wieder aufzuladen und längerfristig stabil zu bleiben.
- **Flexibilität im Umgang mit Rückschlägen**: Anstatt sich von Rückschlägen entmutigen zu lassen, betrachtet Anna sie als Teil ihrer Entwicklung und reflektiert darüber, wie sie daran wachsen kann.

Fazit: Emotionale Gesundheit als lebenslange Reise

Anna lernt, dass emotionale Gesundheit keine einmalige Errungenschaft ist. Es ist ein Prozess, der kontinuierliche Pflege und Anpassung erfordert. Indem sie sich selbst Raum für Wachstum und Veränderung gibt, stärkt sie nicht nur ihre emotionale Widerstandsfähigkeit, sondern lebt auch authentischer und erfüllter. Ihr **Ikigai**, ihr Lebenssinn, bleibt immer in Bewegung und entwickelt sich weiter, während sie lernt, auf ihrem Weg flexibel zu bleiben.

Abschlusskapitel

Sei echt, nicht perfekt – Die Kunst, authentisch zu leben

Die Reise zur emotionalen Authentizität

Anna blickt auf ihre Reise zurück – eine Reise, die sie gelehrt hat, dass wahre Stärke nicht darin liegt, immer positiv zu bleiben, sondern darin, alle Emotionen zuzulassen. Sie hat verstanden, dass das Streben nach Perfektion und ständiger Glückseligkeit nicht nur unrealistisch, sondern auch schädlich sein kann. Das Leben ist bunt, voller Höhen und Tiefen, und genau das macht es lebendig.

Die toxische Positivität, die uns ständig dazu auffordert, gut gelaunt und erfolgreich zu sein, hat Anna lange begleitet. Doch jetzt weiß sie, dass sie das ganze Spektrum ihrer Emotionen annehmen muss, um authentisch zu leben. Es geht nicht darum, immer glücklich zu sein, sondern darum, sich selbst zu erlauben, echt zu sein – mit all den Facetten, die das Leben mit sich bringt.

Die Freiheit, echt zu sein

Anna hat gelernt, dass es eine ungeahnte Freiheit mit sich bringt, einfach „echt" zu sein. Sie muss nicht länger eine Fassade aufrechterhalten oder so tun, als hätte sie immer alles im Griff. Sie darf traurig sein, wütend oder ängstlich – und das macht sie nicht schwächer, sondern stärker.

Denn echte emotionale Gesundheit entsteht dann, wenn wir uns erlauben, wir selbst zu sein. Es gibt keine „richtigen" oder „falschen" Emotionen, und es gibt keinen Weg, wie man „richtig" fühlt. Anna hat erkannt, dass Authentizität nicht bedeutet, perfekt zu sein, sondern wahrhaftig mit sich selbst und anderen umzugehen.

Emotionale Gesundheit ist ein ständiger Prozess

Die wichtigste Erkenntnis, die Anna auf ihrer Reise gewonnen hat, ist, dass emotionale Gesundheit kein einmaliges Ziel ist, sondern ein ständiger Prozess. Es geht nicht darum, an einem Punkt anzukommen, an dem alles „perfekt" ist, sondern darum, immer wieder neu mit den eigenen Gefühlen in Kontakt zu treten und sie zu akzeptieren.

Manchmal wird das Leben chaotisch, manchmal wird es still. Es wird Tage geben, an denen alles wunderbar läuft, und Tage, an denen nichts klappen will. Doch was Anna gelernt hat, ist, dass all diese Phasen wertvoll sind. Sie geben dem Leben Tiefe und Bedeutung – und sie helfen uns, zu wachsen.

Sei liebevoll zu dir selbst

Zum Abschluss will Anna eine letzte Botschaft mitgeben: Sei liebevoll zu dir selbst. Selbstmitgefühl ist der Schlüssel, um mit den Herausforderungen des Lebens umzugehen. Wir sind oft unsere größten Kritiker, doch Anna hat erkannt, dass wir es verdienen, uns selbst mit derselben Freundlichkeit zu begegnen, die wir anderen entgegenbringen.

Es ist okay, Fehler zu machen. Es ist okay, nicht immer gut drauf zu sein. Es ist okay, manchmal einfach nur die Decke über den Kopf zu ziehen. Was zählt, ist, dass du dir erlaubst, du selbst zu sein – ohne Druck, ohne Perfektion.

Ein Leben in emotionaler Balance

Anna verlässt ihre emotionale Reise mit einem Gefühl der Leichtigkeit. Sie hat verstanden, dass sie nicht immer stark sein muss, um erfolgreich zu sein. Sie hat gelernt, dass es in Ordnung ist, sich von toxischer Positivität zu lösen und alle Emotionen – die guten und die schwierigen – zu akzeptieren.

Am Ende geht es darum, in Balance zu leben – nicht durch das Streben nach ständigem Glück, sondern durch die Annahme, dass das Leben viele Facetten hat. Und genau das macht es so lebendig und wertvoll.

Man muss nicht immer strahlen, um den eigenen Weg zu finden – manchmal reicht es, die Taschenlampe anzuknipsen und den nächsten Schritt zu sehen."

Literaturverzeichnis

- **Dweck, CS (2006)**. *Mindset: Die neue Psychologie des Erfolgs.* Zufälliges Haus. – Untersuchung zum „Growth Mindset", Fehler als Lernchancen betrachtet.

- **Moser et al. (2011)** – Studie über das Lernen aus Misserfolgen, die zeigt, dass Menschen mit einem Fehlerlernansatz in Tests besser abschneiden.

- **Peterson und Chang (2003)** – Studie, die belegt, dass übermäßiger Optimismus zu risikoreichem Verhalten führt.

- **Wood, Perunovic und Lee (2009)** – Positive Affirmationen können bei Menschen mit geringem Selbstwertgefühl verstärkend wirken.

- **Sharot (2011)** – Forschung zum „Optimismus-Bias", der zu einer Unterschätzung von Risiken führt.

- **Gross und Thompson (2007)** – Forschung über die Rolle negativer Emotionen und emotionaler Regulation für die Anpassung an schwierige Situationen.

- **Vogel et al. (2014)** – Untersuchung des Einflusses sozialer Medien auf das Selbstwertgefühl

Über die Autorin

Patricia Weller ist jemand, der nicht nur Worte, sondern auch echte Verbindungen liebt. Mitten im Herzen von Grünberg führt sie ihre Praxis für Psychotherapie, Hypnose und Mesmerismus – ein Ort, an dem alles außer ständigem Lächeln, erlaubt ist. Als Business- und Führungskräftecoach sowie Kommunikationstrainerin bringt sie nicht nur ihren Humor und ihren scharfsinnigen Blick auf die Dinge mit, sondern auch ihre Leidenschaft, mit Menschen an deren echten Herausforderungen zu arbeiten.

Auch als Mutter einer Tochter weiß sie, dass das Leben oft chaotisch und herausfordernd sein kann – und genau das bringt sie in ihre Arbeit mit. Patricia glaubt daran, dass jeder Mensch seine eigene Kunst des Gleichgewichts finden muss. Sie ist überzeugt, dass wahres Wachstum eben nicht nur im Sonnenschein, sondern auch in den weniger perfekten Momenten stattfindet.

Mit einer Preisbescheidenheit und einem Augenzwinkern sieht Patricia das Leben, wie es ist: manchmal witzig, manchmal schwierig, und oft überraschend echt.